인물로 보는 세계 역사

LIVE 세계사

13 독일

천재교육

글 **박현비**

만화 스토리 작가로 활동하고 있습니다.
새롭고 재밌는 이야기를 들려주기 위해 늘 고민합니다.
주요 작품으로는 《인류를 뜨겁게 사랑한 노벨상 수상자들—인권 운동가, 반핵 운동가》,
《Why? 스페인, 그리스》 편, 《WHO? 의자왕·계백, 광해군》 등이 있습니다.

만화 **팀키즈**

아이들의 소중한 꿈을 키운다는 마음으로 늘 즐겁고 유쾌하게 만화를 그리고 있습니다.
《레이튼 미스터리 탐정사무소》, 《신비 아파트》, 《흔한남매 대탈출! 주사위 게임》,
《LIVE 과학》 시리즈, 《Why?》 시리즈, 《who? BTS》 등 인기 만화를 작업했습니다.

학습·감수 **황은희**

고려대학교 역사교육과와 서울교육대학원 사회과교육과에서 공부했어요.
초등학교 교사로 재직하고 있으며, 어린이와 역사 교육에 대해 고민하며 활동하고 있습니다.
지은 책으로는 《그림으로 보는 한국사》, 《나의 첫 세계사 여행(인도·동남아시아)》,
《어린이들의 한국사(공저)》 등이 있습니다.

LIVE 세계사 ⑬ 독일

발행 | 2023년 2월 28일 초판 **인쇄** | 2023년 2월 20일 1쇄
발행처 | (주)천재교육
글 | 박현비 **만화** | 팀키즈 **삽화** | 이연 **학습·감수** | 황은희
편집 | 천재교육 만화사업팀 **북디자인** | Design Plus
사진 제공 | 셔터스톡, 위키피디아, 천재교육
신고번호 | 제2001–000018호(1980.5.28)
팩스 | 02–3282–1717
고객만족센터 | 1577–0902
주소 | 08513 서울특별시 금천구 가산로9길 54
홈페이지 | www.chunjae.co.kr

ISBN 979–11–259–7047–7 74900
ISBN 979–11–259–7034–7 74900 (세트)

인물로 보는 세계 역사
LIVE 세계사

13 독일

인물을 통해 알아보는 독일의 역사

'독일' 하면 무엇이 생각나나요? 맛있는 소시지, 멋진 자동차, 막강한 축구팀…
많은 친구가 생각하는 독일의 대표 문화일 것입니다. 여기에 바흐와 헨델, 베토벤의
아름다운 음악과 그림 형제의 재미있는 동화들도 빼놓을 수 없지요! 독일의 젖줄인
라인강과 강을 따라 지어진 오래된 성들, 동화 속에 나올 것 같은 아름다운 풍경의
도시와 마을 또한 전 세계의 관광객을 불러들이는 독일의 자랑거리고요.
독일의 역사 또한 흥미롭습니다. 독일은 큰 변화의 중심에 있었던 적이 많았거든요.
유럽은 물론 훗날 세계사에도 큰 영향을 미친 루터의 종교 개혁이 대표적입니다.
독일인이 만든 바이마르 헌법은 훗날 많은 국가에서 민주 헌법의 바탕이 되었고요.
그런데 한편으로는 제2차 세계 대전을 일으킨 최악의 전범국이기도 합니다.
다행히 전쟁이 끝난 뒤, 독일은 전쟁 범죄자로서 잘못을 반성하고 책임지는 자세를
보여 주었어요. 피해국과 적대국에 화해와 평화의 손을 적극적으로 내밀기도 했고요.
그 덕분에 독일은 다시 새롭게 일어서 오늘날 유럽의 강자가 될 수 있었습니다.
우리나라와는 1960~70년대에 많은 한국 간호사와 광부들이 외화를 벌기 위해
서독으로 이주했던 인연이 있습니다.
유럽, 나아가 세계사를 뒤흔든 독일은 어떻게 발전해 왔을까요?
독일의 역사 인물들을 만나 답을 찾아봅시다!

황은희
서울 월천초등학교 교사

나비 효과! 연약한 나비의 날갯짓 하나가 지구 반대편에 있는 나라에 큰 태풍을 만들어 낼 수 있다는 뜻이에요. 지구촌에 사는 우리 모두가 밀접하게 서로 영향을 주고받는다는 것을 보여 주는 말이지요. 《LIVE 세계사》는 세계인과 친구가 되고 함께 살아갈 여러분에게, 흥미 있는 세계사를 보여 줄 것입니다.

김태규
서울 장충고등학교 교사

현재 우리가 살아가는 지구에는 수많은 나라와 역사가 있어요. 그 역사 속 사람들을 알고 싶다면 《LIVE 세계사》를 읽어 보는 것은 어떨까요? 여러분이 꼭 알아 두면 좋을 인물을 중심으로 한 재미있는 만화를 읽을 수 있어요.

김현숙
서울 덕수중학교 교사

《LIVE 세계사》는 세계 여러 나라의 역사를 중요 인물과 사건을 통해 살펴보고, 이와 관련된 주변 나라의 역사와 나아가 세계 역사 흐름을 살펴보려는 책입니다. 인물과 사건, 그리고 유적과 유물을 통해 세계는 연결되어 있고, 과거와 현재가 이어지고 있음을 알 수 있습니다.

왕홍식
서울 보성중학교 교사

여러분이 친구들과 많은 것을 함께 나누는 것처럼 세계 여러 나라 사람들도 이웃 나라, 심지어 지구 반대편 먼 나라 사람들과 만나 많은 것을 주고받았어요. 그 결과물이 세계사이지요. 《LIVE 세계사》는 곳곳에 우리나라 이야기도 들어 있어 편하게 만날 수 있을 거예요.

이강무
서울 인창중학교 교사

이 책의 특징

Start **1** **2** **3**

여행 지도

해당 나라의 지도와
함께 수도, 언어, 기후,
국기 등 기본 정보를
알아봅니다.

만화와 정보 박스

세계 역사 속 주요 인물을
재밌는 스토리와 함께
만화로 만나 봅니다.
정보 박스를 통해
놓치기 쉬운 학습 정보를
보충합니다.

세계사 들여다보기
세계사 넓게 보기
세계사 깊게 보기

해당 나라에 관련된
정보를 읽고,
그 시기에 주변 나라와
우리나라는 어떤 일이
있었는지 살펴봅니다.

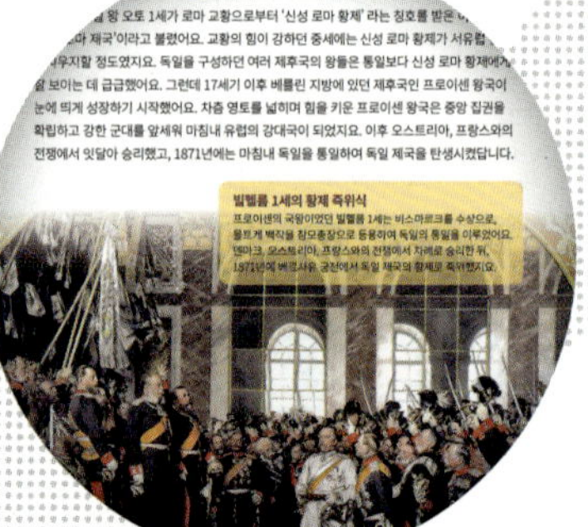

놀이 퀴즈

미로 찾기, 가로세로
낱말 퀴즈, 사다리 타기 등
재밌는 퍼즐을 이용해
학습한 내용을
확인해 봅니다.

문제 퀴즈

세계사와 관련된 다양한
유형의 문제를 풀면서
학습한 내용을 점검하고
교과를 비롯한 여러 가지
시험에 대비합니다.

연표

인물과 사건을 중심으로
역사의 흐름을 이해하고
같은 시기에 우리나라와
다른 나라에서 일어난
사건과 비교해 봅니다.

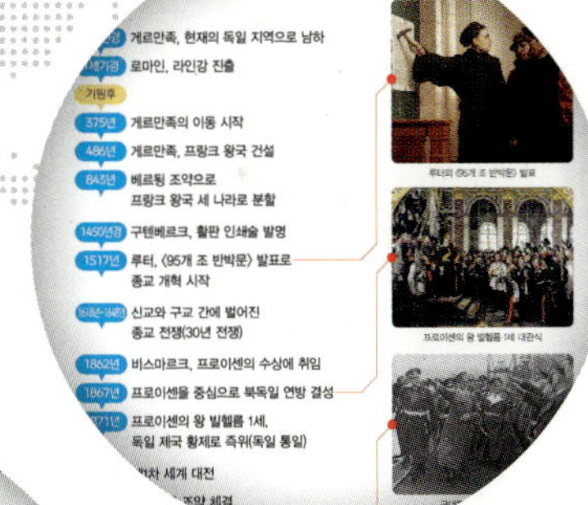

세계사 문제 퀴즈·실력 쌓기

독일

수도

베를린은 과거 분단의 아픔을 겪었으나 지금은 정치·경제·문화와 과학을
이끄는 세계적인 도시이자, 유럽 연합에서 인구가 가장 많은 도시예요.

언어

공식 언어는 독일어로 독일뿐만 아니라 오스트리아, 룩셈부르크, 스위스,
리히텐슈타인 등 주변 국가에서 약 1억 2천만 명이 사용해요.

지리

유럽의 중앙부에 있으며 동쪽으로는 폴란드·체코, 서쪽으로는 프랑스와
벨기에, 남쪽으로는 오스트리아, 북쪽으로는 발트해와 닿아 있어요.

기후

전반적으로 사계절이 있는 온대 기후이지만 북서부는 기온 변화가 적고 습도가
높은 해양성 기후, 남동부는 기온 변화가 크고 건조한 대륙성 기후가 나타나요.

화폐

과거 '마르크'라는 화폐를 사용했지만
2002년부터 유럽 단일 통화인 유로를 사용하고 있어요.

종교

전체 인구의 2/3가 가톨릭 또는 개신교를 믿어요. 가톨릭과 개신교의 비율은
비슷한 수준이지만 북부는 개신교, 남부는 가톨릭 비율이 높은 차이가 있어요.

산업

여러 산업이 골고루 발전했는데 특히 자동차, 기계, 전기, 전자 장비, 화학 등이 경제를
이끄는 주요 산업이에요. 다양한 박람회도 많이 개최되어 관광 산업도 발달했어요.

세계 유산

쾰른 대성당, 아헨 대성당, 슈파이어 대성당 등 가톨릭 문화유산과
밤베르크 중세 도시 유적, 라인강 중상류 계곡을 따라 펼쳐진 자연 등이 유명해요.

국기

검은색은 인권 억압에 대한 분노를,
빨간색은 자유를 동경하는 정신을,
노란색은 진리와 명예를 상징해요.

함부르크
베를린
비텐부르크
쾰른
프랑크푸르트
뮌헨

등장인물

모모

이상한 나라 도서관의 사서.
늘 논리적이지만 가끔
무모할 때가 있어요.

솔이

이상한 나라의 음악가.
악기를 잘 다루고
감수성이 섬세해요.

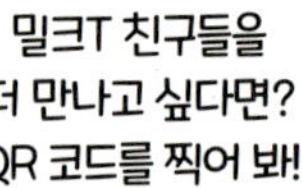

도기

무관심해 보여도
새로운 것을 배울 때면
집중력이 높아져요.

하트 공주

이상한 나라
하트 여왕의 외동딸.
자기만의 왕국을
세우려고 해요.

가로

하트 공주의 부하.
충성심으로 가득하지만
엉뚱한 행동으로 일을
그르치기도 해요.

세로

하트 공주의 부하.
공주의 말이라면 무조건
따르며, 눈치가 빨라
행동도 빨라요.

마르틴 루터

면벌부 판매에 반대해
〈95개 조 반박문〉을
붙이고 항의했어요.

비스마르크

프로이센의 수상으로
독일 통일을 위해
철혈 정책을 펼쳤어요.

빌헬름 2세

독일 제국의 마지막
군주로, 독일의 해외
진출에 힘썼어요.

아돌프 히틀러

나치 독일의 총통으로
제2차 세계 대전을
일으켰어요.

빌리 브란트

서독의 총리로
평화와 화해를 위한
정책을 펼쳤어요.

차례

이상한 나라 안내서
여기는 이상한 나라.
세상의 지식과 상상이 모여 만들어진 마법의 나라예요.
하트성
레스토랑
도서관
정원
음악관
인간, 동물, 요정, 마법사, 책 속의 인물 등 다양한 이들이 살고 있지요.

이상한 나라에서 가장 중요한 곳은 도서관이에요. 인간 세계와의 균형을 보여 주는 절대시계가 있거든요. 인간 세계가 흔들리면 여기도 무사하지 못해요.
도서관에 인간 세계로 넘어가는 시간의 문이 있다는 건 안 비밀!
껄
껄
이상한 나라는 항상 평화로워요. 가끔 하트성에 사는 공주가 말썽을 일으킬 때 빼고는요.
엄마, 미워!
너 사춘기니?
오늘은 어떤 하루가 시작될까요?
덜
덜
덜

프롤로그

하트 공주의 계략

이상한 나라
어떻게 이럴 수 있지?
탁
깜짝
무슨 일이야?
난 또 뭐라고. 원래 이게 정상이잖아.
너무 평화롭잖아! 인간 세계도, 이상한 나라도!
부비적
여왕님이 하트 공주에게 외출 금지령을 내리신 덕분이지.

*치사하다 행동이나 말이 쩨쩨하고 남부끄러움.

***과찬** 지나치게 칭찬함. 또는 그런 칭찬.

***기발하다** 유달리 재치가 뛰어남. 또는 진기하게 빼어남.
***비상하다** 평범하지 아니하고 뛰어남.

종교 부패에 맞선 루터

1517년, 비텐베르크
하아…
평화가 이렇게
금방 사라지다니.
어쩔 수
없지.
그럼 서둘러서
공주님을 찾으면
되잖아.

스르르르
아얏, 안 돼!
기다려 줘!

에휴…
흔적이 사라져
버렸어.
그것도
문제지만
우리…
뿡
뿡

아오오오오오
길을 잃은 것 같아.
무서워.

파앗

불쑥
헉!
까악~

뭐… 뭐가 지나간 것 같은데?
끄덕
끄덕

***면벌부** 중세에 로마 가톨릭교회가 금전이나 재물을 바친 사람에게 그 죄를 면한다는 뜻으로 발행하던 증서.

***설교** 종교의 교리를 설명함. 또는 그런 설명.
***구제** 자연재해나 사회적인 피해를 당하여 어려운 처지에 있는 사람을 도와줌.

24

***업적** 어떤 사업이나 연구 따위에서 세운 공적.
***유능하다** 어떤 일을 남들보다 잘하는 능력이 있음.

***인파** 사람의 물결이란 뜻으로, 수많은 사람을 이르는 말.

***주교** 가톨릭의 한 교구를 관할하는 교직. 또는 그 직에 있는 사람.
***성직자** 종교적 직분을 맡은 교역자. 신부, 목사, 승려 등을 말함.

앗, 저건…!
?
왜 그래?

깜짝
끄아악~ 말도 안 돼!

지금 면벌부를 찍어 내는 저 인쇄기! 저게 바로 구텐베르크의 인쇄기야!
인류의 역사를 바꾼 대단한 발명품 중 하나라고!
맙소사!
뭐? 그게 정말이야?

*면하다 어떤 일을 당하지 않게 됨.
*뉘우치다 스스로 제 잘못을 깨닫고 마음속으로 가책을 느낌.

우리의 죄를 용서할 수 있는 분은 하느님뿐입니다!
교황에게는 감히 그럴 권리가 없어요!
면벌부는 신의 뜻이 아니라, 교황 멋대로 찍어서 파는 것입니다!

맞아, 내 생각도 같아!
그래! 자기가 뭔데 신을 대신해?

내심 불만을 가진 사람이 많았나 본데?
그러게.

저는 이 말도 안 되는 상황을 그저 보고 있을 수는 없습니다!

이걸 읽어 보시기 바랍니다!
촤륵

*벌어지다 어떤 일이 일어나거나 진행됨.

마르틴 루터 (1483년~1546년)

마르틴 루터 (1483년~1546년)

16~17세기 무렵, 가톨릭교회는 심각하게 타락한 상태였어요. 교황 레오 10세는 교회의 권위를 세운다는 명목으로 로마의 성 베드로 대성당을 크고 화려하게 다시 지으려고 했지요. 여기에 드는 비용은 사람들에게 '면벌부'를 팔아 마련했어요. 면벌부란, 가톨릭교회가 신자의 벌을 사면해 주었음을 증명하는 문서예요. 당시 성직자들은 "헌금이 상자 속에서 '찰랑'하는 소리를 내는 순간, 죽은 자의 영혼이 지옥에서 나와 천국으로 간다"는 말을 노골적으로 했을 정도예요. 쉽게 말해, '교회에 돈을 내면 천국에 갈 수 있다'며 사람들을 부추긴 것이었지요. 신학 교수였던 루터는 이러한 면벌부의 판매가 잘못되었음을 주장하는 '95개 조 반박문'을 발표하고, '신앙은 성직자의 말이 아니라 성경을 근거해야 한다'고 주장했어요.

***구원** 크리스트교에서 인류를 죽음과 고통과 죄악에서 건져 내는 일.

elucidande veritatis:hec subscripta disputabūtur Wittenberge. Presidente R. P.
Theologie Magistro:eiusdemcp ibidem lectore Ordinario. Quare petit:vt qui
presentes nobiscū disceptare:agant id literis absentes. In noie dni nostri iesu

Ihus chrs dicendo. Penitentiā agite. τc.
...ntiam esse voluit.
...cramentali(id est confessiōis et satisfactiōis
...terio celebratur)non pōt intelligi.
...dit interiorē:immo interior nulla est.nisi foris ope
...ur varias carnis mortificationes.
...Danet itacp pena donec manet odiū sui(id est penitentia vera intus)
...vscp ad introitum regni celoꝝ.
...Papa nō vult nec pōt vllas penas remittere.pter eas:quas arbitrio
vel suo vel canonum imposuit.

6 ¶ Papa nō pōt remittere vllā culpā nisi declarando et approbando re-
missam a deo. Aut certe remittendo casus reseruatos sibi:quib⁹ ꝛtē-
ptis culpa prorsus remaneret.
7 ¶ Nulli prorsus remittit deus culpā:quin simul eū subijciat:humiliatū
in oĩbus:sacerdoti suo vicario.
8 ¶ Canones penitētiales solū viuētibus sunt impositi.nihilcp morituris
fm eosd em debet imponi.
9 ¶ Inde bñ nobis facit spūsctūs in papa.excipiendo in suis decretis sp
articulū mortis et necessitatis.
10 ¶ Indocte et male faciūt sacerdotes ii:qui morituris phias canonicas
in purgatorium reseruant.
11 ¶ Zizania illa de mutanda pena Canonica in penam purgatorij.videnꝛ
certe dormientibus episcopis seminata.
12 ¶ Olim pene canonice nō post:sed ante absolutionem imponebantur:
tancp tentamenta vere contritionis.
13 ¶ Morituri:p morte omnia soluunt.et legibus canonū mortui iam sunt
habentes iure earun relaxationem.

1 ¶ Docendi sunt christiani.cp venie...
...dant. Sed nocentissme:si timorem...
2 ¶ Docendi sunt chriani.cp si Papa nosset exactiones v...
rum mallet Basilicā.s.Petri in cineres ire:cp edifica...
sibus ouium suaꝛ.
3 ¶ Docendi sunt chriani.cp Papa sicut debet ita vellet.etiā ...dita(si
opus sit)Basilica.s.Petri:de suis pecunijs dare illis:a quorum pluri-
mis quidā cōcionatores veniaꝛ pecuniam eliciunt.
4 ¶ Uana est fiducia salutis p lras veniaꝛ.etiā si Cōmissarius:immo Pa-
pa ipse suā aiam p illis impignreret.
5 ¶ Hostes chri et Pape sunt ii:qui ppter venias pdicandas verbū dei in
alijs ecclesijs penitus silere iubent.
4 ¶ Iniuria fit verbo dei:dū in codeꝛ sermone:equale vel longius tēpus
impenditur venijs cp illi.
5 ¶ Mens Pape necessario est.cp si venie (cp minimum est) vna cāpana:
vnis pompis:et ceremonijs celebranꝛ. Euangelium (cp...
centū campanis;centū...
6 ¶ Thesauri eccłie vñ p...
cogniti apud ppłm ch...
7 ¶ Temporales certe nō...
colligunt multi conci...
8 ¶ Nec sunt merita Chr...
interioris:et cruce:m...
9 ¶ Thesauros ecchie.s.P...
vsu vocabuli suo tpe.
10 ¶ Sine temeritate dici...
saurum istum.

*항의서 항의하는 내용을 적은 문서.
*라틴어 이탈리아반도 중부에 있던 고대 로마와 그 주변 지역에 살던 사람들이 쓰던 언어.

***부당하다** 이치에 맞지 아니함.

와아~
짝 짝 짝

너희!
아까부터 표정이
왜 그런 거야?
휙

비… 빌런은
언제 나타나죠?
무서워서
긴장돼요.
뷰르르

푸하하!
지금 그것 때문에
떨고 있었던 거야?
꺄르르르르
추욱
네에….

걱정 마.
지금 여기선
아니니까.
진작
말씀해 주지지!
후유~
정말요?

*신자 종교를 믿는 사람.
*섬기다 신이나 윗사람을 잘 모시어 받듦.

36

*기꺼이 마음속으로 은근히 기쁘게.

*꿍꿍이 남에게 드러내 보이지 아니하고 속으로만 어떤 일을 꾸며 우물쭈물하는 속셈.

!
뗑!
뭐라고
쓰여 있어, 형?

이제 면벌부는
안 사도 된대.
그래도 천국에 갈 수
있는 방법이 있대.
이 돈으로는
먹을 것을 사자.
정말?
신난다!

그럴 리가! 다른 시간대에서 데려가려고 작전상 후퇴를 했을 뿐이야.

휙

*신학 신이 인간과 세계에 대해 맺고 있는 관계와 신을 연구하는 학문.
*성경 크리스트교의 경전. 신약과 구약으로 되어 있음.

*파문 신도로서의 자격을 빼앗고 내쫓는 일.
*칙서 임금이 특정인에게 훈계하거나 알릴 내용을 적은 글이나 문서.

*보름스 독일 라인란트팔츠 주, 라인강 서쪽 연안에 있는 유서 깊은 도시.

루터 님은 보름스로 떠나기 전 프리드리히 3세 선제후님을 만나 뵈러 가셨습니다.
선제후?
선제후는 신성 로마 제국 황제를 뽑는 사람들이야.
지금의 독일은 신성 로마 제국의 연방 국가이고, 일곱 명의 선제후가 있지.
주로 백작, 공작, 대공과 같이 신분 높은 사람들인데, 이들이 황제를 뽑는 역할을 했어.
오~ 대단한 권력을 가진 사람들이구나.
찬성
반대
반대
찬성
반대
찬성
반대

***위협** 힘으로 으르고 협박함.
***상의하다** 어떤 일을 서로 의논함.

루터에 관해
상의할 일이 있다고?
네, 아주 급한
일이에요!

소곤
그게
정말인가?

쉿! 도기야,
떠들면 안 돼.
느낌이 뭔가
이상한데….
쉿!

스르르

크크, 우리가 먼저 왔을 거라고
의심조차 안 하는군.
순진한
녀석들!

*기반 기초가 되는 바탕. 또는 사물의 토대.
*공의회 교황이 온 세계의 추기경, 주교, 신학자들을 소집하여 진행하는 공식적인 종교 회의.

터덜 터덜
저기 나온다!
엄청 지쳐 보여.
루터 님을 모시러 왔습니다.
너희는 누구냐?
루터 님을 지키기로 프리드리히 3세 선제후님과 약속했어요.
황제가 루터 님을 해칠지도 몰라서요.
?
안전한 프리드리히 선제후님의 성으로!
이랴!
야호~ 루터 님을 지켰다!
두두두두두

으으… 몸이….
왜 그러세요?
부르르르

펑

마법이다! 우리가 속았어!
끼이이익

루터가 마법에 걸려 버린 거야?
둥~
꿀꿀~
그런 게 아니야!

우리가 태운 건 처음부터 루터가 아니었어!
그게 무슨 소리야?
그럼 진짜 루터는 어디에 있지?
?

마법에 걸린
아기 돼지를 루터인 줄 알고
마차에 태워 갔어요.
도서관
녀석들은?
푸하핫
선제후님이
보낸 사람들이오?
진짜 루터는
이제야 저기
오는군요.
터덜
터덜
어서 와,
마르틴 루터!
까닥
그건 따라와
보면 알아!
으아아아아!
슈아
아
악

종교 개혁이 일어나다

16세기 초, 교황 레오 10세는 성 베드로 대성당을 다시 짓는 경비를 마련하려고 사람들에게 면벌부를 팔았어요. 그러자 루터는 이를 비판하는 <95개 조 반박문>을 비텐베르크 성문에 내걸었지요. '인간은 오직 신의 은총과 믿음에 의해서 구원을 받으며, 성서만이 신앙의 유일한 근거'라고 주장했어요. 결국 루터는 교황의 권위에 도전하였다는 이유로 파문을 당했지만, 오히려 농민과 제후들의 지지를 받으며 종교 개혁을 이끌었어요. 루터의 주장은 유럽 곳곳으로 퍼져 나가 로마 가톨릭의 지배를 받지 않는 루터파가 등장했고, 이어 칼뱅파, 영국 국교회도 등장했어요. 그래서 원래 있던 가톨릭교회를 '구교', 새로운 교회를 '신교'라고 부른답니다.

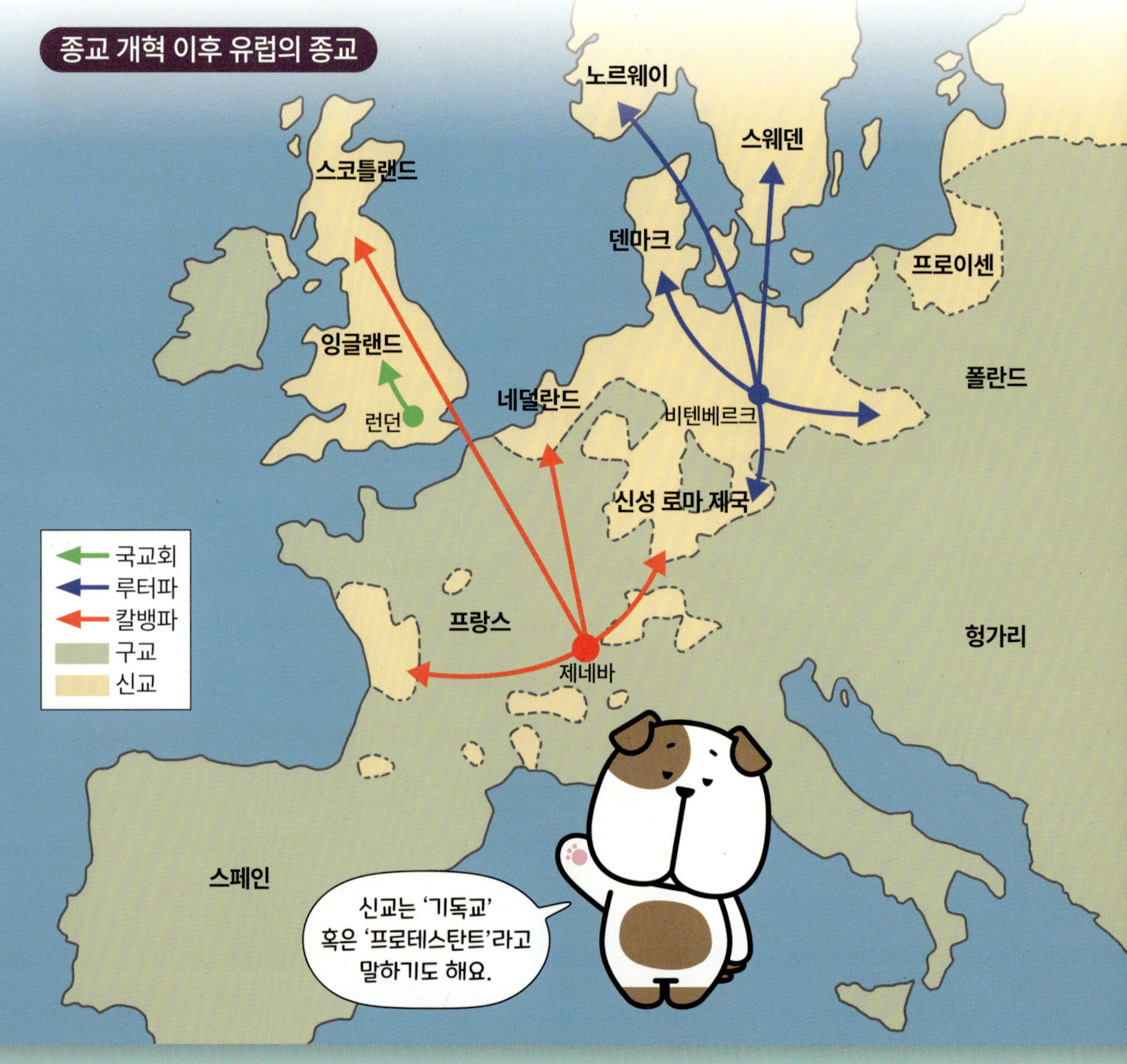

구텐베르크, 인쇄기를 발명하다

1440년경, 독일의 금속 세공 기술자 구텐베르크가 금속 활판을 이용한 인쇄술을 발명하면서 유럽 사회는 큰 변화를 맞이했어요. 이전까지 손으로 일일이 베껴 써서 책을 만들었는데, 인쇄기가 등장하면서 불과 며칠 만에 수백 권을 찍어 낼 수 있게 된 거예요. 루터의 <95개 조 반박문>이 빠르게 유럽 곳곳으로 전파될 수 있었던 것도 바로 구텐베르크의 인쇄기 덕분이었지요. 자연히 책값은 저렴해졌고, 더욱 많은 사람이 정보를 접하게 되었어요.

구텐베르크가 인쇄한 성서

퀴즈 유럽 최초로 금속 활판 인쇄기를 만든 사람은?
① 레오 10세　② 구텐베르크

신교가 전파되고 종교 전쟁이 일어나다

로마 가톨릭에 맞서 새로 만들어진 신교인 칼뱅파와 루터파는 유럽 곳곳으로 전파되었어요.
스코틀랜드·프랑스·네덜란드에는 칼뱅파가, 노르웨이·스웨덴·덴마크 등지에는 루터파가
전해졌지요. 이후 구교를 믿는 사람들과 신교를 믿는 사람들은 약 100여 년에 걸쳐 종교 전쟁을
벌이기도 했어요. 프랑스에서는 1562년부터 1598년까지 '위그노'라고 불리는 신교도들이
가톨릭교회와 대립하는 '위그노 전쟁'이 일어났어요. 독일에서도 1618년부터 1648년까지
신교도와 구교도가 치열하게 대립한 '30년 전쟁'이 일어났지요.

트리엔트 공의회
신교 세력이 갈수록 커지자 위기를 느낀 로마 가톨릭교회는
트리엔트 공의회를 열어 성직자와 교회의 잘못된 점을 바로잡고,
교황의 권위를 다시 확인하며 신교도에 대항할 것을 결의했어요.

최제우, 동학을 창시하다

조선 후기, 나라 안에서는 세도 정치로 인한 부정부패 때문에 많은 백성이 어려움을 겪고 있었고
나라 밖으로는 일본을 비롯한 서양 세력이 조선의 문을 열라고 거세게 압박하는 상황이었어요.
이러한 혼란의 시기에 최제우는 '동학'을 창시했어요.

퀴즈 '사람이 곧 하늘'이라는 동학의 기본 사상은?
① 내린천   ② 인내천

철혈 재상 비스마르크

*프로이센(55쪽) 1701년에 브란덴부르크 선제후 프리드리히 3세가 세운 왕국.
*수상(55쪽) 의원 내각제에서 내각의 우두머리를 말함.

아직은 아냐.
빌런은 아니지만
만만한 인물도 아니지.
이번에는
*프로이센의 *수상,
비스마르크가 목표야!

프로이센?
아하, 여기가
프로이센이라는
나라군요?

그래, 프로이센은
독일 북부 지역에 있는
수십 개의 왕국 중 하나야.

네덜란드
벨기에
프랑스
독일 연방국
오스트리아
러시아
지금 독일은
하나의 나라가 아니라
39개의 연방으로 이루어진
연방국이거든.
연방국이란, 각각의
지배권을 가진 여러 나라가
공통의 정치 이념 아래에서 연합하여
구성하는 국가를 말해.

팟
으아악!
파
팟
뭐… 뭐야?
바닥이 없어!
깜짝
슈우우
으아아~
살려 줘!

악
쿵!
꽈직
아이코….
다들 괜찮아?
잠깐! 그보다 큰일났어!

멍멍이 집이 부서졌네…. 미안해.
헉

도기, 친구한테 집을 고쳐 주겠다고 전해 줘.
엥? 어떻게 하려고?

***목공** 나무를 다루어서 물건을 만드는 일.
***설계도** 설계한 구조, 형상, 치수 따위를 일정한 규약에 따라서 그린 그림.

***허풍쟁이** 과장된 말이나 믿음성 없는 말을 하는 사람을 낮잡아 이르는 말.

응?
크크, 저 개… 도기한테 반한 것 같지 않아?
풋! 그런 것 같아.
콩 콩

완성!

으윽! 저… 저리 가!
헉 헉

깜짝
아니, 개집이 바뀌었잖아? 너희가 한 거냐?

죄송합니다.
사고가 있었어요.
꾸벅

***솜씨** 손을 놀려 무엇을 만들거나 어떤 일을 하는 재주.
***호의** 친절한 마음씨. 또는 좋게 생각하여 주는 마음.

***명색** 어떤 부류에 붙여져 불리는 이름.

비스마르크 (1815년~1898년)

1815년 이후 독일은 35개 연방과 4개의 자유시로 나뉘어
있었어요. 프로이센도 수많은 연방국 중 하나였지요.
비스마르크는 독일 연방 의회의 프로이센 대표였어요. 그는
독일 통일을 위해서는 '철'과 '피'가 필요하다고 주장했어요.
여기서 '철'은 군대를, '피'는 '희생'을 의미했지요. 다시 말해,
강력한 군대를 앞세워 전쟁도 기꺼이 치르겠다는 뜻이었어요.
자신의 주장대로 강력한 '철혈 정책'을 펼친 비스마르크는
오스트리아와 프랑스를 물리치고 독일을 통일했어요.

뭐라고?
도서관 녀석들이?
어디 봐 봐!
어어~
움직이면
어떡해?
휙
청
깜짝

아얏!
이
목소리는…!
슉

가로세로다!
다다

모모! 솔이야!
가로세로가….
다다
깜짝

쉿! 말을 하면
어떡해?
척
읍!

방금
뭐라고 했지?
아… 아무 말도
안 했는데요?

가로세로라는
말을 들었는데?
가… 로로 봐도
세로로 봐도
멋진 집이네요.
하하하!

하트 공주가
비스마르크를
노리고 있어.
알겠어!
조금 전
가로세로가
여기를 훔쳐보고
있었다고.

그쪽은 어때?
안 보여.
가 버렸나 봐.

그래도 이번엔 공주보다 우리가 먼저 역사 인물을 만나서 다행이야.
이제 비스마르크 곁에 딱 붙어서 지키기만 하면 되겠군.
척

근데 비스마르크는 어떤 사람이야?

독일 제국의 탄생에 결정적인 역할을 한 중요한 인물이야.

비스마르크가 없어지면 독일 제국이 탄생하지 못했거나 아주 늦어질 테고….
당연히 역사도 꼬이겠네!

***의회** 국민이 뽑은 의원들이 모여 법을 만들어 정하고 국가 일에 참여하는 기관.
***우두머리** 어떤 일이나 단체에서 으뜸인 사람.

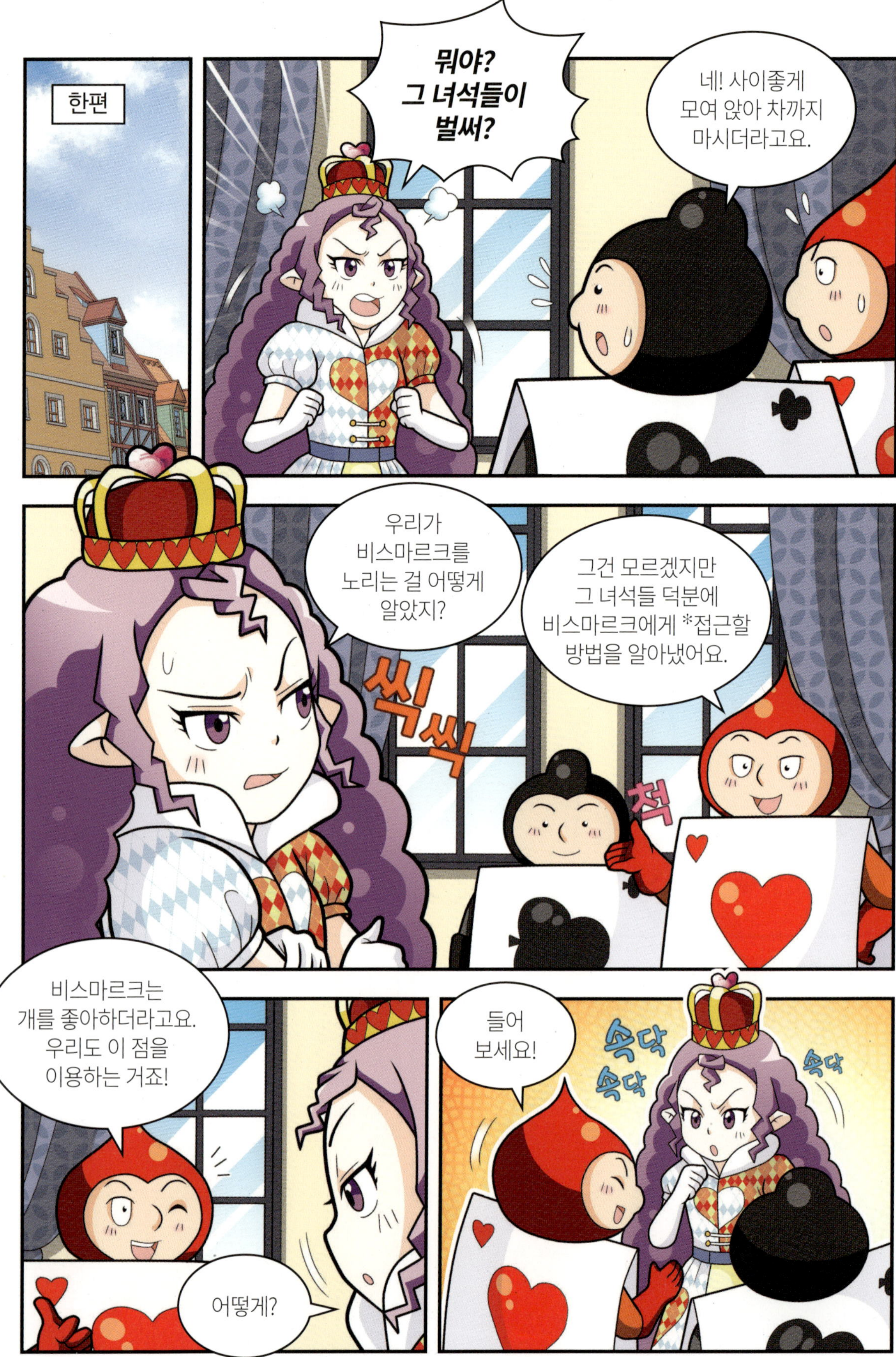

한편
뭐야? 그 녀석들이 벌써?
네! 사이좋게 모여 앉아 차까지 마시더라고요.
우리가 비스마르크를 노리는 걸 어떻게 알았지?
그건 모르겠지만 그 녀석들 덕분에 비스마르크에게 *접근할 방법을 알아냈어요.
씩 씩
척
비스마르크는 개를 좋아하더라고요. 우리도 이 점을 이용하는 거죠!
어떻게?
들어 보세요!
속닥 속닥
속닥

*접근하다 가까이 다가감.

정말
이 방법이
통할까?
그것보다
꼭 이 방법을
써야겠어?
다음 날
응, 확실히 통할 거야.
도기한테는
좀 미안하지만.

앗! 저기
비스마르크의
마차가 온다!
어서 준비해.

지금이야,
도기!
팟

응? 어제
그 아이들이잖아?

으윽!
아… 아이고~
나 죽네!
바둥
바둥

앗, 도기야!
갑자기 왜
그러는 거야?
아아앗!
도기가
쓰러졌다!

끼이익

무슨 일이니,
얘들아!
성공이다!
앗,
비스마르크
아저씨!

도기가
산책을 하다 갑자기
쓰러졌어요.
저런!
일단 마차에 타렴.
의사에게
데려다 주마!

***어색하다** 잘 모르거나 아니면 별로 만나고 싶지 않았던 사람과 마주 대하여 자연스럽지 못함.
***잔꾀** 약고도 얕은 꾀.

두
둥!
…독일이 기대하고 있는 것은
프로이센의 자유주의가 아니라
강력한 힘입니다!
우리 프로이센은
몇 번이나 유리한 상황을
맞이하고도 번번이
놓쳐 버렸습니다.
독일을 통일하려면
강한 군사력이
필요합니다!
통일을 이루는 것은
연설과 *다수결 따위가
아니라 철과 피입니다!

***다수결(72쪽)** 회의에서 많은 사람의 의견에 따라 안건의 찬반을 결정하는 일.

*베르사유 궁전(75쪽) 프랑스 베르사유에 있는 바로크 양식의 화려한 궁전. 프랑스를 대표하는 건축물 중 하나임.

그러던 1870년 7월에 프랑스가 먼저 공격했고, 비스마르크는 불과 한 달 만에 프랑스군을 완전히 무너뜨리지.
와아
와
탕탕
1871년 1월, 프랑스 *베르사유 궁전에서 빌헬름 1세는 독일 제국의 황제로 즉위해.
여러 개의 작은 나라로 나뉘어 있던 독일 연방이 마침내 하나로 통일된 거야.
짐은 오늘 독일 제국의 황제가 되었음을 알리노라!
아울러 비스마르크를 독일 제국의 재상으로 임명한다!

며칠 뒤

네 발로 걷다니,
굴욕적이군.

술탄이 이상한데?
왠지 낯설어.

마치
어제 일을 전혀 기억
못 하는 것 같아.

앗!
이 발자국은….

세로다!
이 녀석은 진짜
술탄이 아니라 세로가
변신한 거야!

어서 알려
줘야 하는데…
어떡하지?
안절
부절

모모!
쉿!

술탄,
이쪽으로 가자고?
여긴 평소 다니던 길이
아니잖아.
깽깽

***카리스마** 대중을 순종하게 하여 따르게 하는 능력이나 자질.
***반려견** 사람이 정서적으로 의지하고자 가까이 두고 기르는 개.

헉
펑

메롱~
속았지?

너… 너희는 누구냐?
마법사들인가?

보셨죠, 공주님?
틀림없이 속을 거라고
했잖아요!
그래, 이번엔
인정하지!
씨익

술탄은
어떻게 했지?
설마 해친 거냐?

철혈 재상치곤 제법 마음씨가
따뜻하군. 그렇지만 개보다
네 걱정을 먼저 해야 하지 않을까?

철혈 재상
비스마르크!
내 신하가 되어….
컹컹
크르르
컹컹
크르르

뭐야,
이 소리…?
개…
개들이에요.
덜덜
덜덜

오… 온 동네 개들이
다 여기에 모인 것
같은데요?
헉!
크르르
크르르
컹컹
컹
컹컹

이… 이 녀석들 우리한테 왜 이러는 거야?
컹컹
크르르

왜긴요. 나쁜 짓을 하니까 그러죠!
휙

마법 카드를 내려놓으세요!
쳇! 또 너희구나.

아… 알았어, 알았다고!
컹컹 컹
컹컹
깜짝

!
월!
월!

***치욕** 수치와 모욕을 아울러 이르는 말.
***전쟁광(83쪽)** 전쟁을 열광적으로 좋아하는 사람.

휙
이번에는
정말 멋지게
성공했어!
짠
그거 알아?
비스마르크는 독일 연방을
통일시킨 뒤부터는 평화를 위한
정책을 펼쳐서 나라를
안정시키는 데 힘썼대.
정말?
전쟁과 희생도
어쩔 수 없다고
말했던 사람이?
비스마르크가 무자비한
*전쟁광은 아니라는 말이겠지?
철혈 정책은 통일이라는
큰 목표를 이루기 위해서
어쩔 수 없이 필요했던 거야.

독일 제국의 탄생

962년에 독일 왕 오토 1세가 로마 교황으로부터 '신성 로마 황제' 라는 칭호를 받은 이후 독일은 '신성 로마 제국'이라고 불렸어요. 교황의 힘이 강하던 중세에는 신성 로마 황제가 서유럽 전체를 좌지우지할 정도였지요. 독일을 구성하던 여러 제후국의 왕들은 신성 로마 황제에게 잘 보이려고 애쓰는 데 급급했어요. 그런데 17세기 이후 베를린 지방의 제후국인 프로이센 왕국이 눈에 띄게 성장하기 시작했어요. 차츰 영토를 넓히며 힘을 키운 프로이센 왕국은 권력을 중앙으로 모으고, 강한 군대를 앞세워 마침내 유럽의 강대국이 되었지요. 이후 오스트리아, 프랑스와의 전쟁에서 잇달아 승리했고, 1871년에는 마침내 독일을 통일하여 독일 제국을 탄생시켰답니다.

빌헬름 1세의 황제 즉위식
프로이센의 국왕이었던 빌헬름 1세는 비스마르크를 수상으로, 몰트케 백작을 참모총장으로 등용하여 독일의 통일을 이루었어요. 덴마크, 오스트리아, 프랑스와의 전쟁에서 차례로 승리한 뒤, 1871년에 베르사유 궁전에서 독일 제국의 황제로 즉위했지요.

대독일주의와 소독일주의

19세기 들어서 독일에서는 통일 문제를 놓고 '대독일주의'와 '소독일주의'라고 불리는 두 입장이
팽팽히 맞섰어요. 먼저, 대독일주의는 신성 로마 제국의 중심지였던 오스트리아를 우두머리로
멸망한 신성 로마 제국의 영토 대부분을 통합하여 대독일을 건설하자는 주장이었어요. 반면,
소독일주의는 오스트리아를 제외하고 프로이센 왕국을 중심으로 통일을 이루자는 것이었지요.
양측의 대립은 심해져서 전쟁까지 벌였는데, 오스트리아가 패배하면서 결국 프로이센 중심의
'북독일 연방'이 탄생하게 됩니다. 오스트리아는 독일과 별개의 국가가 되었고요. 그런데
대독일주의 이념은 이후 히틀러에 의해 되살아나 1938년 오스트리아 병합으로 이어집니다.

이탈리아의 통일

과거 이탈리아는 사르데냐 왕국, 나폴리 왕국, 로마 교황령 등 여러 영토로 분열되어 있었어요. 통일의 움직임은 19세기 들어 나타났는데, 그 시작은 '마치니'라는 정치가였어요. 그는 '청년 이탈리아 당'을 조직하고 로마 공화국을 수립하는 등 열심히 통일 운동을 벌였지만, 프랑스의 간섭으로 실패하고 말았지요. 이후에는 사르데냐 왕국을 중심으로 통일 운동이 추진되었어요. 수상 카보우르가 오스트리아를 물리치고 이탈리아 북부와 중부 지역을 차지했고, 이탈리아의 애국지사 가리발디는 의용군을 이끌고 시칠리아섬과 나폴리 지방을 정복한 뒤 사르데냐 왕국에 바쳤어요. 그렇게 1870년에 이르러 사르데냐 왕국은 이탈리아 전역을 통일하게 됩니다.

고종 황제의 제복 이야기

1896년, 일본군의 간섭으로 신변에 위협을 느낀 고종은 러시아 공사관으로 피신하게 되었어요. 한 나라의 임금이 궁궐을 두고 다른 나라 공사관에서 숨어 지낸, 안타깝고 부끄러운 일이었지요. 1897년, 궁궐로 돌아온 고종은 환구단에서 황제 즉위식을 올리고 나라 이름을 '대한 제국'으로 고쳤어요. 땅에 떨어진 나라의 위신을 높이고, 자주독립 국가로서의 모습을 국내외에 알리기 위해서였지요. 또한 근대적인 국가로 만들기 위해 정치·경제·사회·군사 제도도 개혁했습니다. 그런데 흥미로운 사실은, 이 시기 고종 황제가 프로이센 황제가 입었던 제복을 모방해 입었다는 것입니다. 아마도 강력한 권력을 가진 황제의 모습을 옷으로나마 보여 주기 위해서였겠지요?

독일의 마지막 군주

홱
텀벙
털썩
으으… 분해!
고작 개 따위에
놀라서
도망치다니!
불끈

명령만
내리신다면 다시
돌아가겠습니다!
조금 전에는
너무 갑작스러워서
놀랐지만,
다시 간다면….

아니야.
비스마르크는
깔끔하게
포기하자고.
까딱
내 진짜
목표는 따로
있으니까!
비…
빌런!
히익!
설마….
씨익
뜨끔
스
스
스
스
흠, 생각보다
훨씬 엉망이군.
근데 여긴
어디죠?
두리번
덜덜덜
어디선가
빌런이 튀어나와도
전혀 이상하지
않겠어요.

*대전 세계 여러 나라가 관여하는 큰 규모의 전쟁.

*참호 전투에서 몸을 숨기면서 적과 싸우기 위해 방어선을 따라 판 구덩이.
*대치 서로 맞서서 버팀.

그러다 사람이 보이면 이렇게 총을 쏘고요?
무슨 전쟁이 이래요?
삐질

핏!!
이런 식이면 참호 밖으로 먼저 나가는 사람이 불리하잖아요?

맞아, 그래서 이 상태로 4년이라는 시간을 보내지.
그 사이에 참호는 500킬로미터 넘게 만들어졌고.

그러게 말이야.
크크크, 참호전의 진짜 무기는 총이 아니라 삽이네요.

그나저나 우린 어떻게 여길 빠져나가죠?
내가 있는데 무슨 걱정이야?
까닥

파지지직
마법 보호막!
오! 이것은….
이야아아아압!
후훗, 총알 따위는 물방울처럼 튕겨 내지.
쯧쯧… 소용없는 짓들을 하는군.
퉁
퉁퉁
크크, 인간들이 뭘 알겠어?
부비적
뭐지? 사람 맞나?
자네도 저 아이들이 보여?
내 눈에도 보여.
우리가 이 안에 너무 오래 있어서 정신이 이상해졌나 봐.

빌헬름 2세 (1859년~1941년)

통일한 독일 제국의 제3대 군주이자 독일 제국의 마지막 군주예요.
주변국들과 세력 균형을 유지해야 한다고 주장한 비스마르크와 달리,
빌헬름 2세는 독일 제국이 더 크고 강력해지기를 원했어요. 그래서
비스마르크를 해임하고, 강력한 해군력을 앞세워 아프리카와 아시아
지역에 식민지를 세우는 등 해외 진출에 힘을 쏟았지요. 그 결과,
독일 제국은 빠르게 커졌으나, 위기를 느낀 영국과 프랑스, 러시아가
서로 군사적 지원을 약속하는 결과를 가져왔어요. 이에 독일 제국은
오스트리아·이탈리아와 군사 동맹을 맺으며 맞섰지요.
이 대립은 끝내 제1차 세계 대전이라는 비극을 불러왔어요.

*눈엣가시 몹시 밉거나 싫어 늘 눈에 거슬리는 사람.
*앙숙 앙심을 품고 서로 미워하는 사이.

*내실 내적인 가치나 충실성.
*심기 마음으로 느끼는 기분.

*동맹 국가가 서로의 이익이나 목적을 위해 동일하게 행동하기로 맹세하여 맺는 약속이나 조직체.
*견제 일정한 작용을 가하여 상대편이 지나치게 세력을 펴거나 자유롭게 행동하지 못하게 억누름.

*강대국 병력이 강하고 영토가 넓어 힘이 센 나라.
*고립 다른 사람과 어울리어 사귀지 아니하거나 도움을 받지 못하여 외톨이로 됨.

어어어~!
퉁
퉁
퉁
퉁
야호~!
왜 항상
이런식이지?
휙휙
풱
철퍽
키득
키득
핑
핑

*은인 자신에게 은혜를 베푼 사람.

세상에 이게
무슨 일이지?

너희, 어쩌다
이런 곳에 들어온
거야?

아, 그게
설명하자면
좀 긴데….

이 아이들을
당장 *후방으로
이동시키도록.

네,
알겠습니다.

앗!

감사하지만
저흰 여기서 찾아야
할 사람이….

안 돼! 어린아이들이
*전쟁터를
돌아다니도록
내버려 둘 순 없다.

띵!

*후송 적군과 맞대고 있는 지역에서 부상자, 전리품, 포로 따위를 후방으로 보냄.
*전쟁 통 전쟁이 벌어진 환경이나 판국.

군인들 *복장이나 주변 환경으로 봤을 때 제1차 세계 대전 때인 것 같아.

뭐? 1차? 그럼 2차도 벌어질 거란 말이냐? 어떻게 그런 말을 할 수 있지?
버럭

마···
말실수였어요.
죄송해요.

쉿, 말조심! 사람들에게 미래가 알려져선 안 돼!
응!

세계 여러 나라가 전쟁에 참전했기 때문에 세계 대전이라고 하는 거야.
제1차 세계 대전은 1914년 7월 28일부터 1918년 11월 11일까지 유럽을 중심으로 벌어졌지.
소곤
소곤

*복장 옷을 차려입은 모양.

제1차 세계 대전의 시작은 '사라예보 사건'이었어.
1914년 6월 28일, 보스니아 사라예보를 방문 중이던 오스트리아 황태자 부부가 *암살을 당했거든.
탕탕탕
범인은 오스트리아를 반대하는 세르비아 민족주의자 청년이었어.
세르비아인들은 자신들을 중심으로 통일 국가를 이루고 싶어 했는데….

오스트리아 황태자가 걸림돌이었거든.
아, 그래서….

***암살** 몰래 사람을 죽임.

***선포** 세상에 널리 알림.
***사양하다** 겸손하여 받지 아니하거나 응하지 아니함. 또는 남에게 양보함.

***분쟁** 말썽을 일으키어 시끄럽고 복잡하게 다툼.

어때?
하트 공주님의
흔적이 있어?
응! 그것도
아주 선명하게!

하트 공주님도
기차역으로
갔나 봐.
척

기차역엔
왜 갔지?
왜긴, 기차를
타려는 거겠지.

그건 아닐걸.
기차를 탄다는 말은
어디론가 멀리 간다는 말인데,
하트 공주는 그럴 필요가
없잖아.

하긴, 목적지에
시간의 문을
열면 되니까.
듣고 보니
그러네.

그렇다면 공주님이
노리는 인물이
기차역에 있을
수도 있겠군.
빙고~!
척

***연착** 정해진 시간보다 늦게 도착함.

하트 공주님!
누구를 노리는
건지 모르겠지만
그만두세요.
저희와 같이
이상한 나라로
돌아가요.
척

감히 누구에게
이래라저래라
명령이야?

뿌아아앙
이제야
오는군.
끼이이이이익

기차가 출발하면 곧장 반대편으로 건너가는 거야.

좋아, 난 이미 준비됐어!
나도!
파파팟

출발한다. 준비해!
스르릉

어라?
퍽
아얏!
멈칫
퉁

앗!
띵?
어디로 갔지?
텅~
저기다!

짜잔~
따라올 테면
따라와 봐!
메~롱!
으으윽…
저 녀석들…!

저걸
타자!
척
둥~!
짠~

더 빨리!
더!
철컥
철컥

둥~!
이게 정말
기차라고?
캬~ 역시
황제가 타는 기차는
다르구나!

찾았다!
이상한 나라의 하트 공주가
빌헬름 2세 황제 폐하께
인사드립니다.
꾸벅

이상한… 나라? 하트?
처음 듣는 이름이군.
그런데 무슨 일이지?

*제안 안이나 의견으로 내놓음. 또는 그 안이나 의견.

*업적 어떤 사업이나 연구 따위에서 세운 공적.
*내막 겉으로 드러나지 아니한 일의 속 내용.

***망명** 혁명 또는 그 밖의 정치적인 이유로 자기 나라에서 박해를 받고 있거나 박해를 받을 위험이 있는 사람이 이를 피하기 위해 외국으로 몸을 옮김.

진정하세요.
제안은 이제부터니까.
내가 당신에게 기회를
한 번 더 주겠어요.
내 어머니를
대신해 이상한 나라를
통치해 보겠어요?
척

비스마르크의
그늘에서 마음껏 펼치지
못했던 능력을 펼쳐
보는 게 어때요?

그… 그래,
맞아! 모든 건
비스마르크
때문이야!

쯧쯧… 자기 능력이
부족한 건 생각도 않고
남 탓만 하네.
저래서
공주님이 빌런이라고
하셨구나.

짠~!
자, 그럼 이 안으로
들어오세요. 특별히
*귀빈으로 모시죠.

***귀빈** 귀한 손님.

좋아,
제안을 받아들이겠어!
벌써 기대가 되는군,
하하하!
츄아아아앗
성공!
축하드립니다,
공주님!
콩
공주님
설마 벌써….
오해하지 마, 난 납치하지
않았으니까.

난 카드를 꺼냈을 뿐인데,
스스로 걸어 들어와서
갇혔다고.
척
그게
그거죠!

***종전** 전쟁이 끝남. 또는 전쟁을 끝냄.
***퇴위** 임금의 자리에서 물러남. 또는 관리가 그 직위에서 물러남.

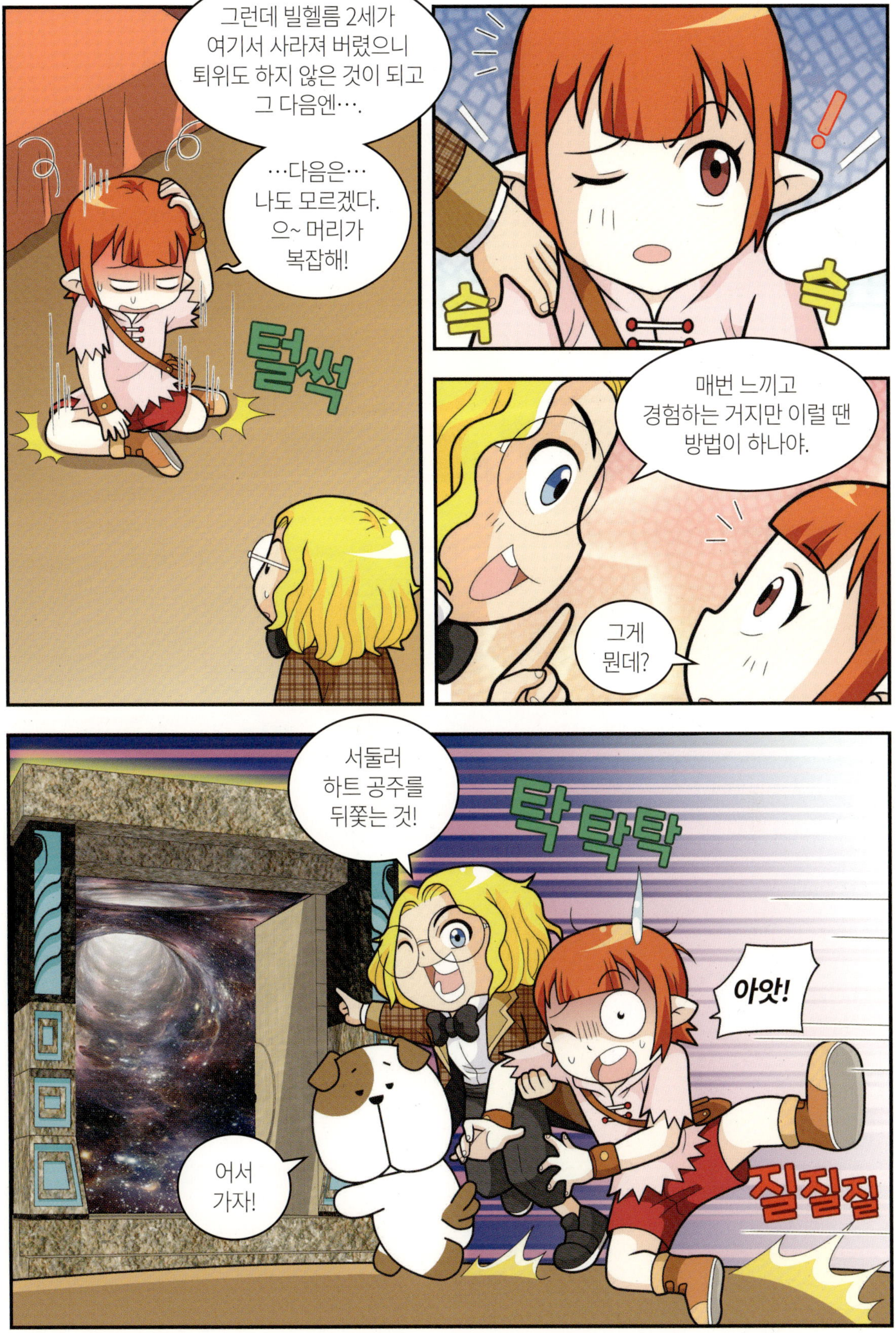

그런데 빌헬름 2세가
여기서 사라져 버렸으니
퇴위도 하지 않은 것이 되고
그 다음엔….
…다음은…
나도 모르겠다.
으~ 머리가
복잡해!
털썩
슉
슉
!
매번 느끼고
경험하는 거지만 이럴 땐
방법이 하나야.
그게
뭔데?
서둘러
하트 공주를
뒤쫓는 것!
탁 탁 탁
아앗!
어서
가자!
질질질

제1차 세계 대전이 일어나다

19세기에서 20세기 초까지 유럽 국가들은 아프리카와 아시아 지역에서 치열한 식민지 경쟁을 벌이고 있었어요. 이 과정에서 독일·오스트리아·이탈리아의 삼국 동맹과 영국·프랑스·러시아의 삼국 협상이 날카롭게 대립하고 있었지요. 마치 언제 터질지 모르는 화약고와 같았어요.

퀴즈 오스트리아, 이탈리아와 동맹을 맺은 나라는?
① 독일 ② 프랑스

그러던 1914년, 오스트리아 영토였던 보스니아의 사라예보에서 오스트리아의 황태자 부부가
세르비아 청년에게 암살당하는 사건이 일어났어요. 오스트리아는 즉시 세르비아에 전쟁을
선포했지요. 그러자 러시아가 세르비아를 돕겠다고 나섰어요. 이에 오스트리아의 동맹인 독일이
총을 빼들었고, 이번에는 러시아를 도와 영국과 프랑스도 전쟁에 참여했어요. 이렇게 유럽은
순식간에 전쟁터로 변해 버렸답니다. 제1차 세계 대전이 일어난 거예요.
전쟁 초반에는 동맹국 쪽이 유리했으나 전세는 차차 역전되기 시작했어요. 특히
1917년, 미국이 삼국 협상국 측에 참전함으로써 전세가 완전히 기울었고,
1918년에 마침내 전쟁이 끝나게 되었어요.

퀴즈 제1차 세계 대전이 시작된 연도는?
① 1419년 ② 1914년

바이마르 공화국이 만든 민주 헌법

제1차 세계 대전이 끝나갈 무렵, 독일에서는 혁명이 일어났어요. 독일의 패전이 거의 확실해진 상황에서, 실패할 것이 분명한 공격 명령이 떨어지자 해군 병사들이 이를 거부하고 들고일어난 것이지요. 여기에 노동자들까지 힘을 보탠 결과, 독일에 새로운 공화국이 세워졌어요.

그 나라가 바로 '바이마르 공화국'입니다. 바이마르 공화국은 1919년에 '독일 공화국 헌법'을 발표했는데, 민주주의와 인간의 기본권에 대해 처음으로 문서로 밝힌 헌법이라고 해요.

바이마르 헌법은 이후 세계 여러 민주주의 국가의 헌법에 영향을 끼쳤습니다.

바이마르 헌법

3.1 운동에 영향을 미친 윌슨의 평화안

제1차 세계 대전이 끝나고 미국의 윌슨 대통령은 세계 평화를 유지하기 위한 14개 조 평화안을 발표했어요. 이 중에는 '각 민족은 다른 민족의 간섭을 받지 않고 국가의 운명을 스스로 결정할 권리가 있다'는 '민족 자결주의 원칙'도 있었지요. 이 소식이 전해지자 강국의 식민 지배를 받던 국가들은 마침내 독립할 수 있다는 희망을 품게 되었어요. 당시 일제의 지배를 받던 우리나라도 마찬가지였어요. 얼마 뒤, 일본 도쿄의 유학생들이 중심이 되어 2.8 독립 선언서를 발표했고, 그 소식이 전해져 우리나라에서도 3.1 운동이 일어나게 되었습니다.

사악한 독재자 히틀러

타닷
쿵야
저기 사람들이
모여 있어.
척

우리도 가 보자.
여기가 언제
어디인지 단서를
얻을 수 있을 거야.
후다다닥
이왕이면
재미있는 구경거리면
좋겠다.

*파산 재산을 모두 잃고 망함.
*실직자 직업을 잃은 사람.

위대한 독일 국민 여러분! 저와 함께 이 나라를 다시 일으켜 세웁시다!
우리의 역사는 그 누구도 아닌, 우리 손으로 직접 만들어야 합니다!

하나의 민족! 하나의 제국!
새로운 독일을 위하여!

와아아아

*리더 조직이나 단체 따위에서 전체를 이끌어 가는 위치에 있는 사람.
*총통 일부 국가에서 정무를 총괄하여 집행하는 최고 책임 직위. 또는 그 직위에 있는 사람.

*언변 말을 잘하는 재주나 솜씨.
*선동 남을 부추겨 어떤 일이나 행동에 나서도록 함.

아돌프 히틀러 (1889년~1945년)

독일의 정치가로, 나치 독일의 총통이었어요. 오스트리아에서 태어나 한때 화가를 꿈꿨지만, 실패하고 독일로 건너와 군인으로서 제1차 세계 대전에 참전했지요. 이후에는 독일 노동자당원으로 활동하면서 능력을 인정받기 시작했어요. 뛰어난 연설 솜씨를 바탕으로 '나치'로 불리는 국가사회주의 노동자당의 지도자가 되었고, 1933년에는 총리 자리까지 오르지요. 1934년부터는 독일의 총통으로서 모든 권력을 손아귀에 쥐고 독재자로 군림했어요. 급기야 1939년에 '인류 최악의 전쟁'이라 불리는, 제2차 세계 대전을 일으켰어요. 그러나 전쟁을 시작한 지 6년만인 1945년, 독일의 *패색이 짙어지자 스스로 목숨을 끊고 말았어요.

*패색 싸움에 질 기미.

*식민지 정치적·경제적으로 다른 나라에 예속되어 국가로서의 주권을 상실한 나라.
*배상금 남에게 입힌 손해에 대해 물어 주는 돈.

<베르사유 조약의 주요 내용>

▶ 독일은 본토 면적의 13%에 해당하는 국경 지역 영토를 이웃 나라들에게 넘겨준다.
▶ 독일은 해외 식민지에 관한 모든 권리를 동맹국과 연합국의 주요 국가에 넘겨준다.
▶ 독일은 연합국이 입은 손해에 대한 *배상금으로 1,320억 마르크를 지불한다.
▶ 독일은 앞으로 오스트리아를 비롯한 독일어권 국가들과의 연합을 금지한다.
▶ 독일은 *징병제를 폐지하고 병력 규모를 육군 10만 명, 해군 15,000명으로 제한하며,
  잠수함과 공군의 보유를 금지한다.

***배상금** 남에게 입힌 손해에 대해 물어 주는 돈.
***징병제** 국가가 국민 모두에게 강제적으로 군인으로 복무할 의무를 지우는 의무 병역 제도.

*당원 정당에 가입하여 구성원이 된 사람.

*침공 다른 나라를 침범하여 공격함.
*선전 포고 한 나라가 다른 나라에 대하여 전쟁을 시작한다는 것을 공식적으로 알리는 일.

***망신** 말이나 행동을 잘못하여 자기의 지위, 명예, 체면 따위를 손상함.

***나랏일** 나라에 관한 일. 또는 나라의 정치에 관한 일.

*환호 기뻐서 큰 소리로 부르짖음.
*미모 아름다운 얼굴 모습.

***스파이** 한 국가나 단체의 비밀이나 상황을 몰래 알아내어 경쟁 또는 대립 관계에 있는 국가나 단체에 제공하는 사람.

지금 그게
문제가 아니야.
우리 어떡하지?
부들
부들

어떡하긴!

도망
가야지!
쌩~
잡아라!
타다다닥

헉헉…
어떡하지?
계속 쫓아와!
헉… 헉…
나도… 이제…
더는 못 달릴 것
같은데…
헉
헉

앗, 도기
목소리다!
멈칫
얘들아,
이쪽이야!

거긴 언제 들어가 있었어?
어서 이쪽으로!
쓰윽

두리번
일단 여기에 숨어 있자.
아무도 안 계세요?
두리번
주인 없는 집인가 봐.

빈집에 숨었을지도 모르니 흩어져서 찾도록! 넌 이쪽, 넌 저쪽!
넵!
헉!

우리 이제
어떡해?
동
동

우리가
숨겨 줄게.
휙

여긴
우리 집이야.
둥~
미… 미안.
빈집인 줄
알았어.

어서
이쪽으로!
탁탁탁

책장… 은
왜?
지금은
책 볼 때가 아니야,
얘들아.

뭐 하는 거지?
영차

빙글

헉! 비밀 문이었어?
멋지다!
어서 들어와.
짜잔~

탁

쉿!

여긴 아무도 없어.
돌아가자.
휙

이제 안전해.
후유~

고맙다는 인사가 늦었네. 난 모모야.
난 솔이.
방긋
도기야.

사실은 도와줘도 될지 고민을 했어.
부모님이 아무한테도 문을 열어 주지 말라고 하셨거든.
긁적

아, 부모님은 어디 나가신 모양이구나.
응, 근데 곧 돌아오실 거야!

***강제 수용소** 정치적 반대파를 대량으로 수용하거나 전쟁 중 외국인을 구금·수용하기 위해 차려 놓은 수용소.

다음 날

몸조심해!

부모님은
꼭 살아서
돌아오실 거야!

너희도!

나치는 제2차
세계 대전 중
약 1,100만 명의
*민간인과 전쟁 포로를
학살했어.

그중
절반 이상이
유대인이었다고 해.

'홀로코스트'라고
하지.

뚜벅

뚜벅

특히 *악명 높은
아우슈비츠 수용소에서는
하루에만 약 2,000명씩 목숨을
잃었다고 해.

* **민간인(144쪽)** 관리나 군인이 아닌 일반 사람.
* **악명(144쪽)** 악하다는 소문이나 평판.

*천하태평(147쪽) 어떤 일에 무관심한 상태로 걱정 없이 편안하게 있는 태도를 가벼운 놀림조로 이르는 말.

*다큐멘터리 실제로 있었던 어떤 사건을 사실적으로 담은 영상물이나 기록물.
*선전 주의나 주장, 사물의 존재, 효능 등을 많은 사람이 알고 이해하도록 잘 설명해 널리 알리는 일.

***상영** 극장 따위에서 영화를 공개하는 일.

*조명 광선으로 밝게 비춤. 또는 그 광선.

지루하군.
하~암
끝났다!

얼마 뒤

Das Ende

끝났다!

팟

자, 이제 히틀러를
찾아볼까?

아주 잘
만들었어.
훌륭하군!

짝짝짝~~

벌떡

***감히** 함부로, 만만하게의 뜻을 나타내는 말.

타다다다닷
그럴 순 없죠!
멈춰요, 공주님!
척

엥? 어떻게 빠져나온 거야?
버럭
미꾸라지 같은 녀석들!

흥! 애초에 붙잡히지도 않았거든요!
우릴 얕보지 마세요.

근데, 너희 뒤에 서 있는 인물이 누구인지 알고 이러는 거야?
인류 최악의 빌런 히틀러라고! 히틀러 편을 들 셈이야?
씨익

물론 알죠.
하지만 나쁘고 아픈
역사도 역사라고요.
변하거나
조작되어서는
안 돼요!
그래야 미래에 좋은
본보기가 될 테니까!
어이구~
이런 고집불통들!
잘났다!
쿵
쿵
그럼 어쩔 수
없군.
꽉
하압~!
파지지직

헉! 이게 뭐야?
내가 잘못 본 건가?
띵!

내… 내가 꿈을 꾸는 건가? 이게 어떻게 된 일이지?
휙
휙

사람들이 전부….
하트 공주님을 *복사한 모습이 되어 버렸어!
두
둥

*복사 원본을 베낌.

지구를 *최악의 전쟁 속으로 빠뜨린 빌런도 마법 앞에서 놀라긴 마찬가지군.
샤삭
앗! 언제 뒤에…!

네가 필요해, 히틀러! 순순히 들어와라!
슈슈 슈슈슉
으아아아!
안~돼!
놓쳤다!

***최악** 가장 나쁨.

제2차 세계 대전 발발

제1차 세계 대전 후 독일의 경제 상황은 최악이었어요. 막대한 전쟁 배상금을 물어야 했고, 식민지와 일부 영토까지 빼앗겼기 때문이에요. 물가가 치솟고 일자리를 잃는 사람도 많았지요. 이렇게 어려운 상황에서 등장한 사람이 바로 히틀러였어요. 히틀러는 독일 국민의 민족의식을 자극하며 강력한 지도자로서 국민에게 희망을 심어 주었어요. 얼마 지나지 않아 히틀러는 모든 권력을 독차지한 독재자로 군림하게 되었고, 1939년에는 폴란드 침공을 시작으로 제2차 세계 대전을 일으켰어요. 처음에는 독일이 승승장구했지만, 미국이 연합국으로 전쟁에 참여하면서 전세는 점차 연합국으로 기울었답니다. 결국 독일은 1945년 5월에 항복하게 됩니다.

퀴즈 제2차 세계 대전을 일으킨 독일의 독재자는?
① 히틀러   ② 루터

끔찍한 전쟁 범죄, 홀로코스트

히틀러의 나치 정권은 제2차 세계 대전 당시 수백만 명의 유대인을 탄압하고 학살하는 범죄를 저질렀어요. 이것을 '홀로코스트'라고 하지요. 제1차 세계 대전 직후 독일이 경제적인 어려움을 겪고 있을 때 유대인들이 협조하지 않는다며, 히틀러는 '유대인 때문에 독일인들이 피해를 보고 있다'고 선동했어요. 여기에 '독일 민족은 우수하고 유대인은 열등하며, 열등한 민족은 사라져야 한다'는 인종주의까지 내세웠지요. 급기야 제2차 세계 대전 중에는 죄 없는 유대인들을 강제로 수용소에 가두었습니다. 강제 노동을 시키고, 생체 실험을 하고, 비참하게 목숨을 빼앗았지요. 오직 자기 국가와 민족을 위한다는 핑계로 이런 끔찍한 일을 저질렀던 거예요.

냉전 체제의 시작

미국과 소련은 연합국 소속으로 제2차 세계 대전의 승전국이었어요. 그런데 전쟁이 끝나자 두 나라는 국제 사회의 주도권을 놓고 경쟁하는 관계가 되었어요. 미국은 자본주의를, 소련은 사회주의 체제를 확대하는 데 힘썼기 때문이에요. 동유럽 국가인 폴란드와 헝가리가 소련을 따라 사회주의 국가가 되자, 미국은 서유럽 국가들에 경제적·군사적 지원을 하며 영향력을 키우기 시작했어요. 결국 세계는 미국으로 대표되는 자본주의 진영과 소련으로 대표되는 사회주의 진영으로 나뉘어 대립하게 되었지요. 이러한 상황을 '냉전 체제'라고 부른답니다.

세계의 냉전 구도

퀴즈 자본주의와 사회주의 진영의 대립을 뜻하는 말은?
① 냉전 체제 ② 냉탕 체제

① 냉전 체제

베를린 올림픽에 참가한 손기정 선수

1936년, 독일 베를린에서 제11회 올림픽 대회가 열렸어요. 이때 우리나라의 손기정, 남승룡 선수가 마라톤 경기에 출전했지요. 그런데 당시 우리나라는 일제의 식민지 상태였기 때문에 두 선수는 가슴에 일장기를 달고 일본 대표 자격으로 출전할 수밖에 없었어요. 본선 경기에서 손기정 선수는 당시 올림픽 신기록을 세우며 금메달을 획득했고, 남승룡 선수도 3위로 골인, 동메달을 땄어요. 하지만 나라 잃은 두 청년은 가장 기뻐해야 할 시상대에서 어두운 표정으로 고개를 숙일 수밖에 없었습니다. 이 장면은 세상에서 가장 슬픈 시상식으로 남아 있어요.

빌리 브란트의 사죄

160

*혼란 뒤죽박죽이 되어 어지럽고 질서가 없음.
*갈등(161쪽) 개인이나 집단 사이에 목표나 이해관계가 달라 서로 적대시하거나 충돌함.

* **중재자** 분쟁에 끼어들어 쌍방을 화해시키는 사람.
* **분부** 윗사람이 아랫사람에게 명령이나 지시를 내림. 또는 그 명령이나 지시.

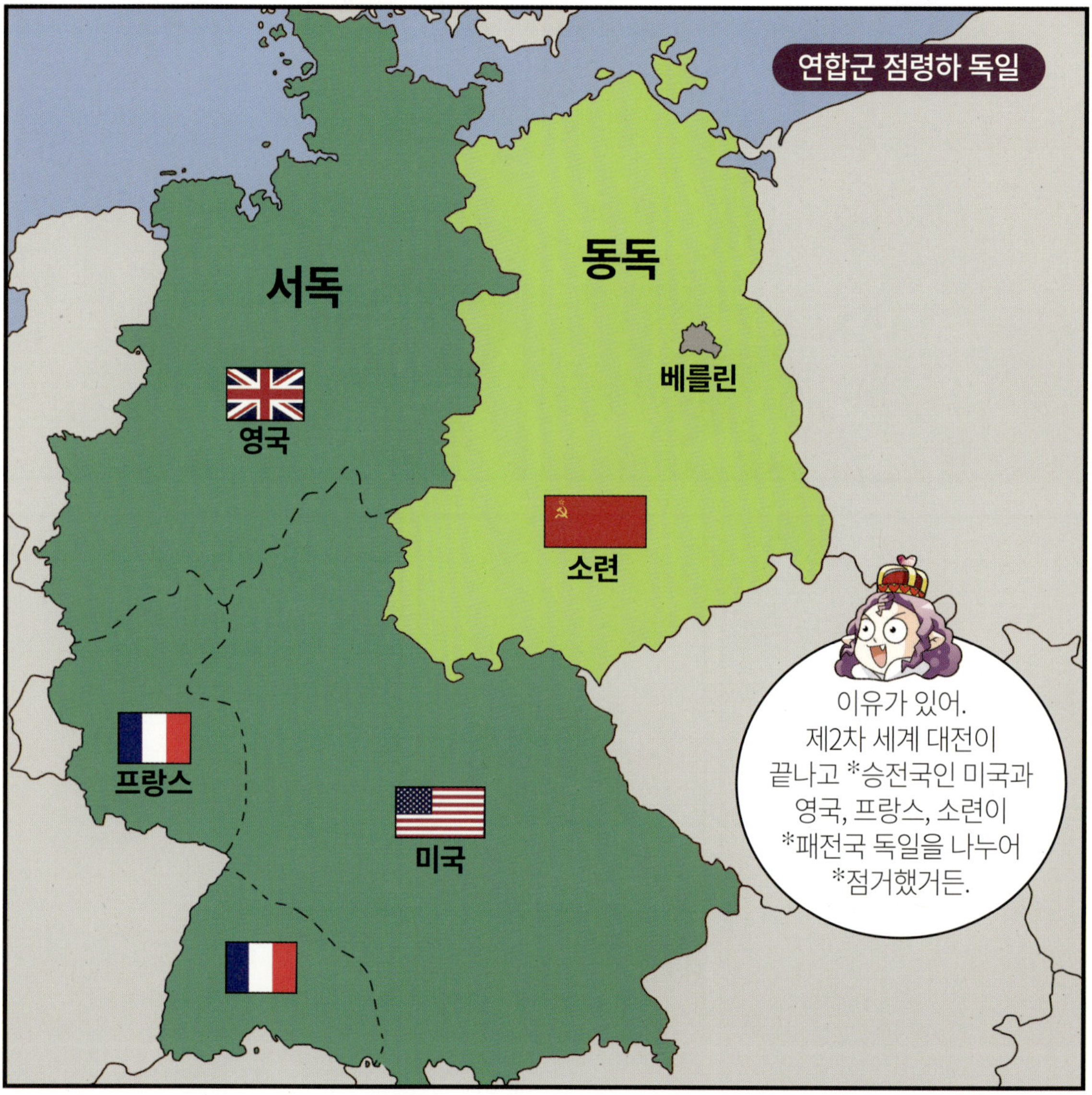

***흉물** 모양이 흉하게 생긴 사람이나 동물.
***승전국** 전쟁에서 이긴 나라.

***패전국(162쪽)** 싸움에 진 나라.
***점거(162쪽)** 교전국의 군대가 적국의 영토에 들어가 그 지역을 군사적 지배하에 둠.

*허가 행동이나 일을 하도록 허용함.
*왕래 가고 오고 함.

*처지(164쪽) 처하여 있는 사정이나 형편.

그럼 하트 공주가 여기로 오지 않았다는 건가?
그럴 리가!
시간의 문이 우릴 엉뚱한 곳으로 데려오진 않을 텐데…
툭

뻥

헉!
슝
꺅!

슈유유유융
어어… 어! 안 돼!

***가로막히다** 말이나 행동, 일 따위를 제대로 하지 못하게 방해받거나 막힘.

*호외 특별한 일이 있을 때에 임시로 발행하는 신문이나 잡지.

빌리 브란트 (1913년~1992년)

독일 분단 당시 서독의 총리였어요. 독일 통일과 유럽 통합의 발판을 마련한 평화 정치가이지요. 제2차 세계 대전 때에는 독일 국민인데도 나치를 강력하게 비판하며 저항하다 결국 탄압을 받고 노르웨이로 망명까지 했었답니다. 서독의 총리가 되어서는 냉전을 끝내고 평화를 다지기 위해 노력했어요. 특히 폴란드를 방문해 유대인 희생자 추모탑 앞에서 갑자기 무릎 꿇고 사과하는 모습은 전쟁범죄자로서 독일의 책임감 있는 모습을 보여 준 사건이었어요.

*올곧다 마음이나 정신 상태 따위가 바르고 곧음.
*분단 동강이 나게 끊어 가름.

***말살** 있는 사물을 뭉개어 아주 없애 버림.

폴란드 바르샤바

***인파** 사람의 물결이란 뜻으로, 수많은 사람을 이르는 말.

*관건 어떤 사물이나 문제 해결의 가장 중요한 부분.

*포착 어떤 기회나 정세를 알아차림.
*기필코 틀림없이 꼭.

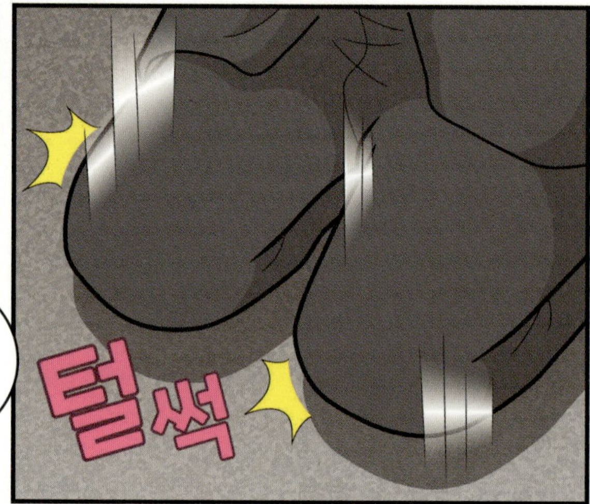

*뒤바뀌다 차례나 위치 따위를 서로 반대로 바꾸거나 마구 뒤섞이게 함.
*영향 어떤 사물의 효과나 작용이 다른 것에 미치는 일.

찰칵
찰칵
쿵!
뭐… 뭐지,
이 기분은…?

뭐 하세요, 공주님?
멍~
어서 마법 카드에 가두셔야죠.
헉헉

하·트·공·주·님!
깜짝
정신 차리세요!

아차! 그… 그래야지. 내 마법 카드가 어디 있더라?
굼적

유후~ 혹시 이거 찾으세요?
!

급히 달려가시면서 이걸 떨어뜨리셨어요.
운 좋게 우리가 주웠지 뭐예요?
슥

이상한 나라의 규칙에 따라 적절한 *조처를 하겠습니다. 바로 이렇게!
찌익
끄아악~ 우리가 얼마나 힘들게 모은 건데!
안 돼!

슈르르르르

……
오잉? 공주님은 왜 아무 말도 안 하세요?
충격을 너무 크게 받으셨나?
?
?

***포기하다** 하려던 일을 도중에 그만두어 버림.

*진심 거짓이 없는 참된 마음.
*차마 부끄럽거나 안타까워서 감히.

*극복하다 악조건이나 고생 따위를 이겨 냄.

참! 그런 의미에서 나도 사과할게.
엥? 무슨 사과?
네가 독일에서 산 소시지를 딱 하나만 맛보려고 했는데….
그만 다 먹어 버렸지 뭐야.
쩝~
컥!
그거랑 이건 다른 문제라고!
버럭 버럭
우리도 사과했는데 용서해 주면 안 될까?
게다가 진정성이 전혀 느껴지지 않거든!
그래, 이미 지난 일이잖아!
LIVE 세계사 ⑬ 독일 편 끝.

빌리 브란트의 동방 정책

제2차 세계 대전 후 냉전 체제가 시작되면서 독일은 사회주의 국가인 동독과 자본주의 국가인
서독으로 나뉘게 됩니다. 그런데 서독이 빠르게 경제 성장을 이룩하자 동독에서 서독으로
넘어가는 사람들이 많아졌어요. 이에 동독 정부가 베를린을 동-서로 가르는 '베를린 장벽'을
쌓으면서 양측의 갈등은 더욱 커지는 것처럼 보였지요. 그런데 이때 서독의 총리 빌리 브란트가
누구도 예상 못 한 일을 시작했어요. 동유럽의 사회주의 국가들과 조약을 맺고, 협력적인 관계를
유지하는 '동방 정책'을 추진한 거예요. 1972년에는 동독과도 조약을 맺고 서로를 국가로
인정하며 존중하기로 했어요. 이렇게 유럽에서는 다시 화해와 통합의 분위기가 되살아났답니다.

독일의 분단과 통일

1945년
제2차 세계 대전 패전 후
연합국 4국의 분할 점령

1949년
동독과
서독으로 분단

1969년
빌리 브란트,
동방 정책 추진

1989년 8월
동독 주민 대규모
탈출 사건 발생

1990년 10월
독일 통일
공식 선포

1990년 5월
경제·화폐 및
사회 통합 합의

1989년 12월
동·서독 정상 회담

1989년 11월
베를린 장벽 붕괴

퀴즈 '동방 정책'을 추진한 서독의 총리는?
① 빌리 브란트   ② 빌리 엘리어트

베를린 장벽이 무너지다

1989년, 동유럽의 사회주의 국가들이 하나둘 몰락했어요. 그 영향은 물론 동독에도 미쳤지요.
민주화를 요구하는 시위가 곳곳에서 벌어졌고, 자유와 경제적인 풍요를 얻기 위해 동독에서
탈출하는 사람들도 생겨났어요. 결국 1989년 11월 9일, 동독 정부는 서독으로 자유로운 여행을
허가한다고 발표했습니다. 소식을 들은 사람들은 독일 분단의 상징과도 같았던 베를린 장벽을
부수기 시작했어요. 28년이라는 긴 시간 동안 동-서 베를린을 가로막던 육중한 콘크리트 장벽은
단 몇 시간 만에 허무하게 무너져 내렸습니다. 그리고 다음 해인 1990년 10월 3일, 서독이
동독을 흡수하는 방식으로 마침내 독일의 통일이 이루어졌어요. 분단 41년만이었습니다.

퀴즈 1989년 무너진, 냉전과 독일 분단의 상징물은?
① 개선문 ② 베를린 장벽

예술의 나라, 독일

문학과 음악 등 예술 분야에서 독일의 위상은 상당해요. 클래식 음악에서 빼놓을 수 없는 바흐, 헨델, 베토벤, 바그너, 브람스 같은 위인들이 모두 독일을 대표하는 음악가들이지요. 세계 최고로 손꼽히는 베를린 필하모닉 관현악단도 독일 음악계의 상징 같은 존재고요. 그뿐만이 아닙니다. 전 세계 어린이들의 사랑을 받는 <헨젤과 그레텔>, <빨간 모자>, <백설 공주와 일곱 난쟁이>, <라푼젤>, <브레멘의 음악대> 같은 명작 동화는 독일의 언어학자이자 작가인 그림 형제의 작품이에요. 철학자이자 작가인 괴테와 실러의 작품도 세계인이 사랑하는 영원한 고전입니다.

바흐 (1685년~1750년)
헨델, 비발디와 함께 근대 음악의 기초가 된 바로크 음악을 이끈 인물로, '음악의 아버지'라고 불리기도 해요. 특히 종교 음악에 큰 노력을 기울여 복잡하고 엄숙한 분위기를 풍기는 작품들이 많지요.

베토벤 (1770년~1827년)
'악성(음악의 성인)'이라 불리는, 고전주의 음악을 대표하는 피아니스트이자 작곡가예요. 귓병으로 27세 이후 청력을 거의 잃은 상태에서도 교향곡과 오페라, 소나타 등 위대한 작품을 남겼어요.

그림형제
독일의 형제 작가로 형은 야코프 그림(1785~1863년), 동생은 빌헬름 그림(1786~1859년)이에요. 두 형제 모두 언어학자이자 문헌학자로, 독일 전통 민간 설화를 동화로 써 명성을 얻었어요.

괴테 (1749년~1832년)
'독일 문학의 아버지'로 불리는 세계적인 작가예요. 시인이자 극작가이며 바이마르 공국의 재상으로도 활약했어요. 《파우스트》와 《젊은 베르테르의 슬픔》이 괴테의 대표작이에요.

실러 (1759년~1805년)
극작가이자 시인이며, 철학자이기도 해요. 괴테와 함께 독일 고전주의의 대표 작가로 손꼽히지요. 인간의 자유와 존엄성을 바탕으로 한 작품을 주로 남겨서 1800년대 혁명기의 독일인들에게 많은 영향을 끼쳤습니다.

퀴즈 '독일 문학의 아버지'로 불리는 세계적인 작가는?
① 괴테 ② 베토벤

평화를 위한 남과 북의 노력

6.25 한국 전쟁 이후 한반도는 지금까지 남북으로 분단된 상태예요. '세계 유일의 분단국가'라는 불명예까지 안고 있지요. 과연 남한과 북한은 평화를 위해 어떤 노력을 하고 있을까요?

퀴즈 2007년과 2018년에 이루어진 대표적인 남북 교류는?
① 월드컵 ② 남북 정상 회담

하트성 꼭대기의 이상한 정원으로 산책을 가볼까요?
듬이와 냥이도 벌써 나와 있다고 하네요.
정답을 따라가면 친구들을 만날 수 있어요!
독일 역사상 처음으로 세워진 공화국의 이름은?
프로이센 공화국
바이마르 공화국
3.1운동
종교 개혁
루터가 부패한 교회를 바로 잡기 위해 벌인 운동은?
출발
1914년 사라예보 사건을 계기로 일어난 전쟁은?
제2차 세계 대전
나치 독일의 유대인 탄압을 이르는 말은?
롤러코스터
제1차 세계 대전
홀로코스트

철혈 정책
비스마르크가
독일 통일을 위해
주장한 정책은?
중립 정책
이상한
정원
서방 정책
서독의 총리
빌리 브란트가
평화를 지키기 위해
펼친 정책은?
동방 정책
어서 와!
도착

이상한 나라 도서관장님이 퀴즈 대회를 열었어요.
이번 대회의 주제는 바로 독일! 독일에 관한 지문을 읽고
맞는 내용이면 ○, 틀린 내용이면 ✕를 선택해 주세요.

독일은 아시아 대륙 중심부에 있는 내륙 국가이다.

종교 개혁은 면벌부 판매에 대한 반발로 시작되었다.

구텐베르크는 독일 제국 탄생에 큰 역할을 했다.

종교 개혁의 결과, 유럽 곳곳에 신교가 등장했다.

비스마르크는 동방 정책을 강력히 추진했다.

독일 제국 탄생의 중심은 프로이센 왕국이었다.

빌헬름 2세는 해외 진출 정책을 적극 추진했다.

바이마르 헌법은 많은 민주 헌법에 영향을 주었다.

제2차 세계 대전 중 히틀러는 유대인 보호에 힘썼다.

홀로코스트는 나치의 유대인 탄압을 뜻한다.

냉전 체제 당시 독일은 남북으로 분단되었다.

베를린 장벽은 독일 분단과 냉전의 상징물이었다.

역사적으로 독일은 큰 변화의 중심에 있는 경우가 많았어요.
종교 개혁부터 두 차례의 세계 대전, 화해와 평화의 순간까지도요.
변화의 중심에서 독일을 이끌었던 인물에 대해 알아봅시다.

‘95개 조 반박문’을 발표해 종교 개혁의 계기를 만들었어요.

‘철혈 정책’으로 독일 제국 탄생에 큰 공로를 세웠어요.

제1차 세계 대전 중 퇴위한 독일 제국의 마지막 군주예요.

평화와 화해의 ‘동방 정책’을 펼친 서독의 총리예요.

빌리 브란트

빌헬름 2세

루터

비스마르크

1 다음 그림과 관련된 인물은 누구일까요?

① 피터 ② 루터 ③ 카터 ④ 훙터

2 다음 글은 어떤 역사적 사실을 설명하는 것일까요?

…프랑스에서는 1562년부터 1598년까지 '위그노'라고 불리는 신교도들이 가톨릭교회와 대립하는 '위그노 전쟁'이 일어났어요. 독일에서도 1618년부터 1648년까지 신교도와 구교도가 치열하게 대립한 '30년 전쟁'이 일어났지요.

① 종교 전쟁 ② 무역 전쟁 ③ 식량 전쟁 ④ 독립 전쟁

3 1914년, 오스트리아의 황태자 부부가 세르비아 청년에게 암살당하는 사건을 발단으로 일어난 전쟁은 무엇일까요?

① 제1차 세계 대전   ② 제2차 세계 대전   ③ 아편 전쟁   ④ 십자군 전쟁

4 다음 인물에 대한 설명으로 틀린 것은 무엇일까요?

① 제2차 세계 대전을 일으켰다.

② 나치 독일의 총통이자 독재자이다.

③ 유대인을 학살하는 일을 저질렀다.

④ 평화를 위한 동방 정책을 펼쳤다.

5 다음은 바이마르 헌법의 일부입니다. 도기의 설명 중 ( ) 안에 들어갈 적절한 단어는 무엇일까요?

● 독일인은 법 앞에 만인이 평등하다.
● 독일인은 거주 이전의 자유를 가졌고, 재산권을 인정받을 수 있다.
● 개인의 권리는 침해할 수 없으며 오로지 법률의 토대 위에서만 제한될 수 있다.
● 독일인은 언론, 출판, 그림, 글 등으로 자신의 생각을 자유롭게 표현할 수 있다.
● 노동자들은 경제적 발전에 따라 임금 인상과 작업 환경 개선에 대한 요구를 할 권리가 있다.

① 독립

② 독재

③ 민주

④ 억압

6 ( ) 안에 들어갈 말은 무엇일까요?

…제2차 세계 대전이 끝난 뒤 승전국인 미국과 소련은 국제 사회의 주도권을 놓고 경쟁하는 관계가 되었어요. 미국은 자본주의를, 소련은 사회주의 체제를 확대하는 데 힘썼기 때문이에요. 결국 세계는 미국으로 대표되는 자본주의 진영과 소련으로 대표되는 사회주의 진영으로 나뉘어 대립하게 되었지요. 이러한 상황을 ( )라고 부른답니다.

① 냉전 체제   ② 냉면 체제   ③ 냉방 체제   ④ 냉랭 체제

① 제1차 세계 대전의 승리로 기세가 오른 독일이 일으킨 전쟁이야.
결국 제2차 세계 대전에서도 독일이 연합군을 물리치고 승리했지.

② 일본이 미국 영토인 하와이를 기습 공격하자 미국도 참전하지.
미국이 전쟁에 뛰어들자 전세는 순식간에 연합군 쪽으로 기울었어.

③ 나치 독일을 이끈 사람은 악명 높은 독일의 독재자 스탈린이었어.

④ 미국이 독일의 수도 베를린에 원자 폭탄을 투하하면서 전쟁은 끝나.

8 다음 조약은 어떤 사건 이후에 맺은 것일까요?

① 종교 전쟁　② 제2차 세계 대전　③ 아편 전쟁　④ 제1차 세계 대전

9 다음 지도는 제2차 세계 대전 이후 연합군이 점령 통치 중인 독일 수도 베를린의 모습입니다. ㉮ 지역을 점령한 국가는 어디일까요?

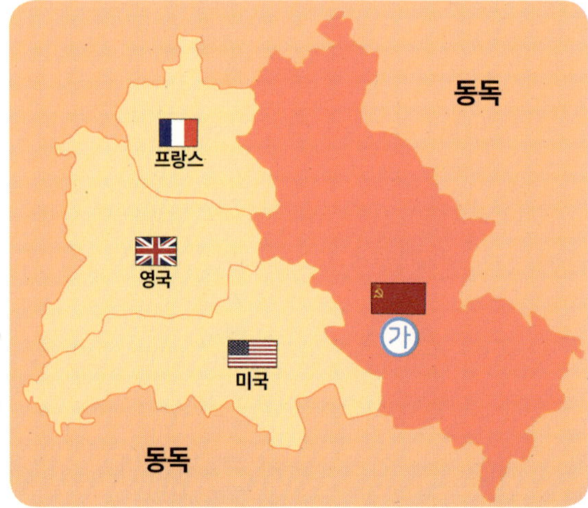

① 중국

② 소련

③ 인도

④ 이탈리아

동독 정부는 1989년 11월 9일, 서독으로 자유로운
여행을 허가한다고 발표했습니다. 소식을 들은 사람들은
독일 분단의 상징과도 같았던 베를린 장벽을 부수기 시작했고,
동-서 베를린을 가로막던 육중한 콘크리트 장벽은
단 몇 시간 만에 허무하게 무너져 내렸습니다.

① 독일 분단　　② 독일 통일　　③ 독일 제국 성립　　④ 식민지 건설

도전 세계사 놀이 퀴즈·정답 따라가기

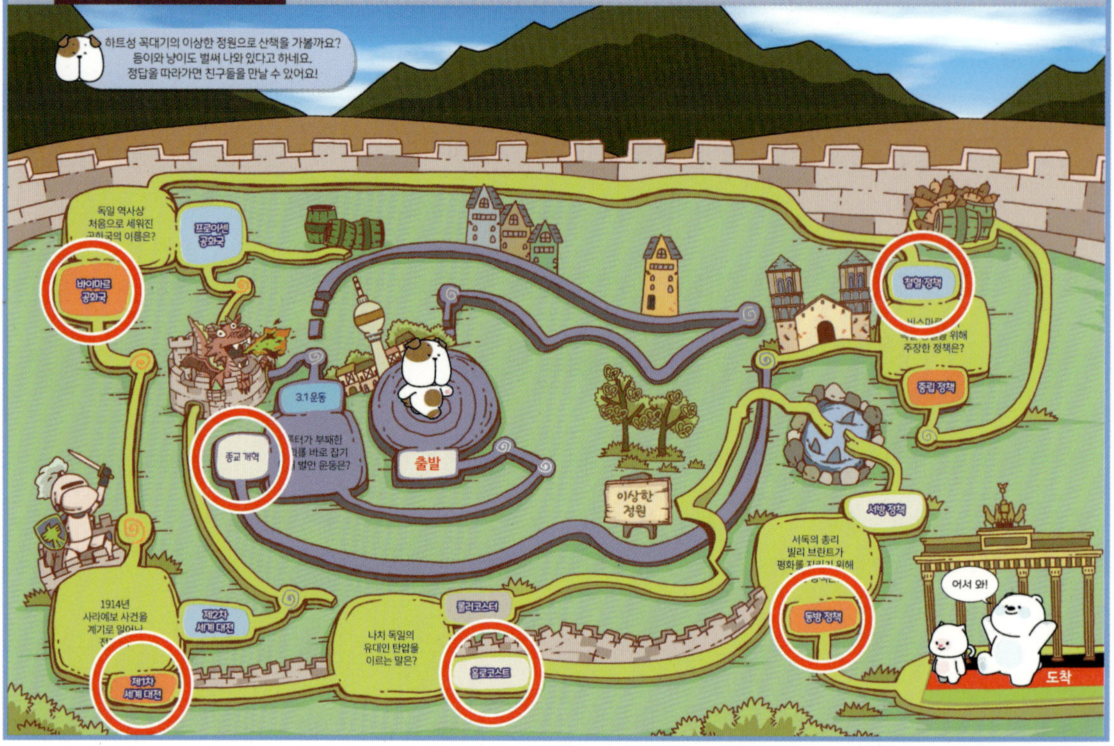

도전 세계사 놀이 퀴즈·OX 퀴즈

도전 세계사 놀이 퀴즈·인물 잇기

1 답 ②

면벌부 판매의 잘못을 지적하며 〈95개 조 반박문〉을 발표한 사람은 루터이다.

2 답 ①

독일과 프랑스 등에서 구교와 신교 사이에 일어난 전쟁을 종교 전쟁이라고 한다.

3 답 ①

영국·프랑스·러시아가 손잡고, 독일·오스트리아·이탈리아가 군사 동맹을 맺은 가운데
제1차 세계 대전이 일어났다.

4 답 ④

사진의 인물은 히틀러이며, 전쟁 범죄 사죄와 동유럽 국가들을 향한 평화의 제스처를 취한
동방 정책은 빌리 브란트가 시행했다.

5 답 ③

바이마르 헌법은 민주적인 내용을 담은 최초의 헌법이다.

6 답 ①

미국의 자본주의 진영과 소련의 사회주의 진영이 대립하던 시대를 냉전 체제라고 한다.

7 답 ②

나치 독일의 총통 히틀러는 독일의 심각한 경제난을 극복하기 위해 재무장을 선언했고,
제2차 세계 대전을 일으켰다. 전쟁은 일본과 미국까지 얽히며 태평양 전쟁으로 확대되었으며,
미국이 일본 히로시마와 나가사키에 원자 폭탄을 투하함으로써 끝났다.

8 답 ④

제1차 세계 대전 후 연합국과 독일은 프랑스 파리의 베르사유 궁전에서 조약을 맺었다.

9 답 ②

제2차 세계 대전 후 독일은 영국, 프랑스, 미국, 소련 네 나라가 나누어 통치했다.

10 답 ②

1989년 베를린 장벽이 붕괴된 다음 해인 1990년에 독일은 통일을 이루었다.

독일

루터의 〈95개 조 반박문〉 발표

프로이센의 왕 빌헬름 1세 대관식

군대를 둘러보는 히틀러

베를린 장벽 철거

기원전

- **100년경** 게르만족, 현재의 독일 지역으로 남하
- **1세기경** 로마인, 라인강 진출

기원후

- **375년** 게르만족의 이동 시작
- **486년** 게르만족, 프랑크 왕국 건설
- **843년** 베르됭 조약으로 프랑크 왕국 세 나라로 분할
- **1450년경** 구텐베르크, 활판 인쇄술 발명
- **1517년** 루터, 〈95개 조 반박문〉 발표로 종교 개혁 시작
- **1618년~1648년** 신교와 구교 간에 벌어진 종교 전쟁(30년 전쟁)
- **1862년** 비스마르크, 프로이센의 수상에 취임
- **1867년** 프로이센을 중심으로 북독일 연방 결성
- **1871년** 프로이센의 왕 빌헬름 1세, 독일 제국 황제로 즉위(독일 통일)
- **1914년~1918년** 제1차 세계 대전
- **1919년** 베르사유 조약 체결, 바이마르 공화국 헌법 제정
- **1934년** 아돌프 히틀러, 독일 총통에 취임
- **1939년~1945년** 제2차 세계 대전
- **1961년** 베를린 장벽 건설 시작
- **1989년** 베를린 장벽 철거
- **1990년** 동독과 서독 통일

<table>
<tr><th>세계사</th><th>한국사</th></tr>
<tr><td>

기원전

431년 ~404년	펠로폰네소스 전쟁
323년	헬레니즘 문화의 등장

기원후

476년	서로마 제국 멸망
1095년 ~1291년	십자군 전쟁
1534년	영국 국교회 성립
1536년	스위스, 칼뱅이 종교 개혁 시작
1562년	프랑스, 위그노 전쟁
1789년	프랑스 대혁명
1917년	러시아 혁명이 일어남
1923년	소비에트 연방이 세워짐
1929년	세계 경제 공황
1945년	국제 연합(UN) 창설
1969년	유인 우주선 아폴로 11호, 인류 최초로 달에 착륙
1975년	베트남 통일
1991년	소련(소비에트 연방) 해체

</td><td>

기원전

57년	신라 건국
37년	고구려 건국
18년	백제 건국

기원후

698년	발해 건국
918년	고려 건국
1234년	금속 활자로 〈상정고금예문〉을 펴냄
1377년	금속 활자로 〈직지심체요절〉을 펴냄
1392년	이성계, 조선 건국
1443년	세종 대왕, 훈민정음 창제
1897년	대한 제국 성립
1919년	3·1 운동, 대한민국 임시 정부 수립
1910년	한국 전쟁 발발
1960년	4·19 혁명
1980년	5·18 민주화 운동
1989년	동유럽 국가들과 외교 관계를 맺음

</td></tr>
</table>

사진 출처

31   마르틴 루터 | 위키피디아

51   구텐베르크가 인쇄한 성서 | 위키피디아

52   트리엔트 공의회 | 위키피디아

63   비스마르크 | 위키피디아

84   빌헬름 1세의 즉위식 | 위키피디아

86   마치니 | 위키피디아

     카보우르 | 위키피디아

     가리발디 | 위키피디아

94   빌헬름 2세 | 위키피디아

122 바이마르 헌법 | 위키피디아

129, 191 아돌프 히틀러 | 위키피디아 ©Bundesarchiv, Bild 183–H1216–0500–002

169 빌리 브란트 | 위키피디아 ©Bundesarchiv, B 145 Bild–F057884–0009 / Engelbert Reineke

182 동서독 정상회담 | 위키피디아 ©Bundesarchiv, B 145 Bild–F031401–0029 / Wegmann, Ludwig

184 바흐 | 위키피디아

     베토벤 | 위키피디아

     그림형제 | 위키피디아

     괴테 | 위키피디아

     실러 | 위키피디아

198 루터의 〈95개 조 반박문〉 발표 | 위키피디아

     빌헬름 1세의 대관식 | 위키피디아

     군대를 둘러보는 히틀러 | 위키피디아 ©Bundesarchiv, Bild 183–2006–0810–500

     베를린 장벽 철거 | 위키피디아 ©Lear 21